Word Search Puzzle Book for Teens

Fun Brain Teasers for Adventurous Young Adults

By Ellie Roberts

Word Search Puzzle Book for Teens: Fun Brain Teasers for Adventurous Young Adults

Introduction

While most word search puzzle books are designed purely for entertainment and relaxation, this one tries to go a step further and offer you a little extra.

This book contains 77 word search puzzles, each with a unique theme. While some themes are just for fun, others were created around interesting topics which can offer you the chance to learn new words and expand your knowledge.

The following word search puzzles are in a traditional format of 17 x 17, each containing 18 words. These words can be found in straight and unbroken lines: forward, backward, up, down or diagonal.

⤡ ⇆ ⇅ ⤢

Once a word is found you can circle it in the grid and cross it off the list.

Before you dive in, you can take a moment and choose a topic that fits your mood. The choice should come easily since the topics are written before each puzzle. If you just want to unwind, then pick a theme you find amusing and fun. However, if you want to expand your knowledge, then try and find a theme that is new and seems interesting to you. No matter which option you choose, it's important that you have fun and close this book with a smile on your face.

Enjoy!

Puzzle No. 1: Traveling

N	J	F	C	S	F	P	J	V	N	G	W	P	R	P	Q	R
T	O	T	D	J	S	O	Z	O	G	O	A	A	O	R	U	X
G	L	I	N	V	U	O	I	F	E	A	N	S	N	T	H	W
O	O	Q	T	R	E	T	R	G	Q	B	D	S	V	W	F	O
D	J	P	N	A	I	X	A	C	U	R	E	A	H	D	K	N
B	R	E	L	D	T	Y	P	L	F	O	R	G	F	U	A	J
I	Y	I	E	A	O	U	Z	E	A	A	I	E	T	D	T	O
H	C	P	F	V	C	S	M	I	R	D	N	Y	N	T	O	E
V	X	Y	J	T	C	E	I	M	B	I	G	M	I	Z	U	V
E	C	R	U	I	S	E	S	G	O	P	E	K	P	V	R	O
V	I	S	I	T	I	N	G	V	A	C	D	N	K	S	I	M
E	X	P	L	O	R	E	Q	J	A	U	N	T	C	W	N	U
F	H	O	C	I	G	D	G	L	G	G	U	M	S	I	G	M
P	W	I	L	I	A	A	K	U	X	U	A	O	B	F	N	I
L	O	C	O	M	O	T	I	O	N	B	P	Z	B	Q	Q	G
U	E	D	Z	G	L	O	A	J	T	A	U	A	D	W	K	Y
K	H	S	P	X	W	F	Q	K	Q	C	L	Q	G	U	A	L

COMMUTATION
CROSS
CRUISE
DRIFT
EXPEDITION
EXPERIENCING

EXPLORE
GO ABROAD
GO PLACES
JAUNT
JOURNEY
LOCOMOTION

MOVE
PASSAGE
TOURING
VISITING
VOYAGE
WANDERING

Puzzle No. 2: Music Instruments

U	Y	C	L	T	R	O	J	N	A	B	F	S	W	R	N	E
S	X	M	H	A	E	R	B	G	S	L	Q	T	P	O	O	N
N	U	M	T	D	K	P	P	Y	U	J	F	Y	I	Z	H	O
T	X	I	T	L	A	Y	M	T	Y	X	T	S	Q	K	F	H
C	U	C	Z	U	P	C	E	U	U	L	S	Q	D	L	H	P
G	U	A	X	R	Q	P	D	S	R	U	V	L	J	Q	H	O
B	O	N	G	O	D	R	U	M	C	T	M	N	W	S	Z	X
E	C	N	X	L	R	N	C	R	D	R	U	M	S	E	T	A
L	E	S	I	I	J	L	E	R	D	K	H	E	K	V	N	S
E	L	B	Z	L	A	P	P	E	N	R	I	H	X	M	T	G
L	L	K	P	R	O	R	A	D	W	T	A	Q	I	I	P	V
U	O	X	I	I	A	I	O	R	G	C	Q	O	C	X	M	S
K	F	N	R	H	A	B	V	O	I	O	H	K	B	A	M	Q
U	E	H	U	E	Y	N	R	C	C	H	Y	W	F	Y	W	L
T	L	A	B	M	Y	C	O	E	A	D	G	B	V	C	E	Q
H	J	B	J	R	M	U	A	R	M	E	T	H	G	F	X	K
N	A	D	A	K	I	A	L	A	L	A	B	T	A	J	P	Y

BALALAIKA
BANJO
BONGO DRUM
CELLO
CLARINET
CYMBAL

DRUM SET
FLUTE
GUITAR
HARP
KEYBOARD
PERCUSSION

PIANO
RECORDER
SAXOPHONE
TRUMPET
UKULELE
VIOLIN

Puzzle No. 3: Ancient Greek

M	S	N	A	I	M	K	K	O	X	R	G	Z	K	G	Y	S
Y	E	A	T	V	L	I	C	K	O	R	W	M	I	R	G	J
C	A	I	H	G	R	G	K	M	E	Z	H	M	W	G	M	A
E	B	N	E	J	Z	A	A	C	N	N	S	K	S	C	W	X
N	A	E	N	V	D	N	O	M	Y	T	H	O	L	O	G	Y
A	T	H	S	Q	E	P	T	H	U	C	Y	D	I	D	E	S
E	T	T	Z	M	E	N	Q	E	M	P	I	R	E	T	Z	V
A	L	A	P	R	L	A	C	I	G	O	L	O	H	T	Y	M
N	E	I	S	M	E	D	I	T	E	R	R	A	N	E	A	N
F	R	I	L	A	C	I	S	S	A	L	C	A	N	S	Y	Y
E	A	O	D	Z	W	Z	N	X	Y	N	H	N	A	P	B	K
N	H	T	M	S	S	R	A	W	X	O	A	C	O	A	X	E
A	N	T	I	Q	U	I	T	Y	M	P	S	I	N	R	T	Y
O	H	P	Z	B	H	R	B	E	C	O	A	E	I	T	Q	S
B	T	Y	I	M	N	Q	R	N	M	I	I	N	M	A	Q	W
K	Q	D	G	T	J	I	Z	X	J	Y	F	T	U	G	B	W
W	E	W	A	V	C	D	W	L	P	W	O	Y	V	N	B	J

ANCIENT
ANTIQUITY
ATHENIAN
ATHENS
CLASSICAL
EMPIRE
GRECO PERSIAN
HOMERIC
MEDITERRANEAN
MINOAN
MYCENAEAN
MYTHOLOGICAL
MYTHOLOGY
ROMAN EMPIRE
SEA BATTLE
SPARTA
THUCYDIDES
WARS

Puzzle No. 4: Ocean Life

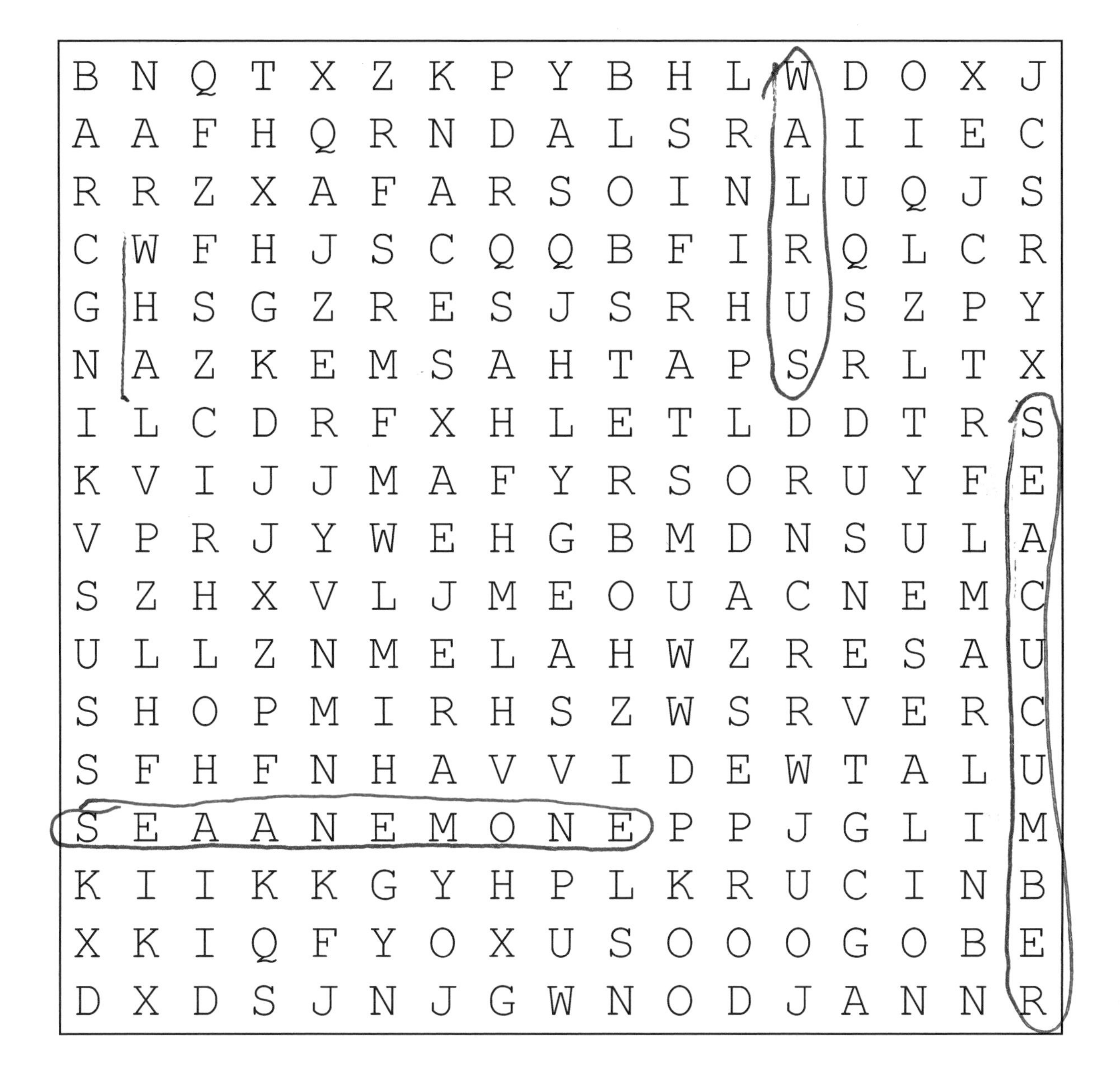

DOLPHIN
GULPER EEL
KING CRAB
LOBSTER
MARLIN
NARWHAL

SEA ANEMONE
SEA CUCUMBER
SEAL
SEA LION
SHARK
SHRIMP

SPIDER CRAB
SQUID
STARFISH
TUNA
WALRUS
WHALE

Puzzle No. 5: African Safari

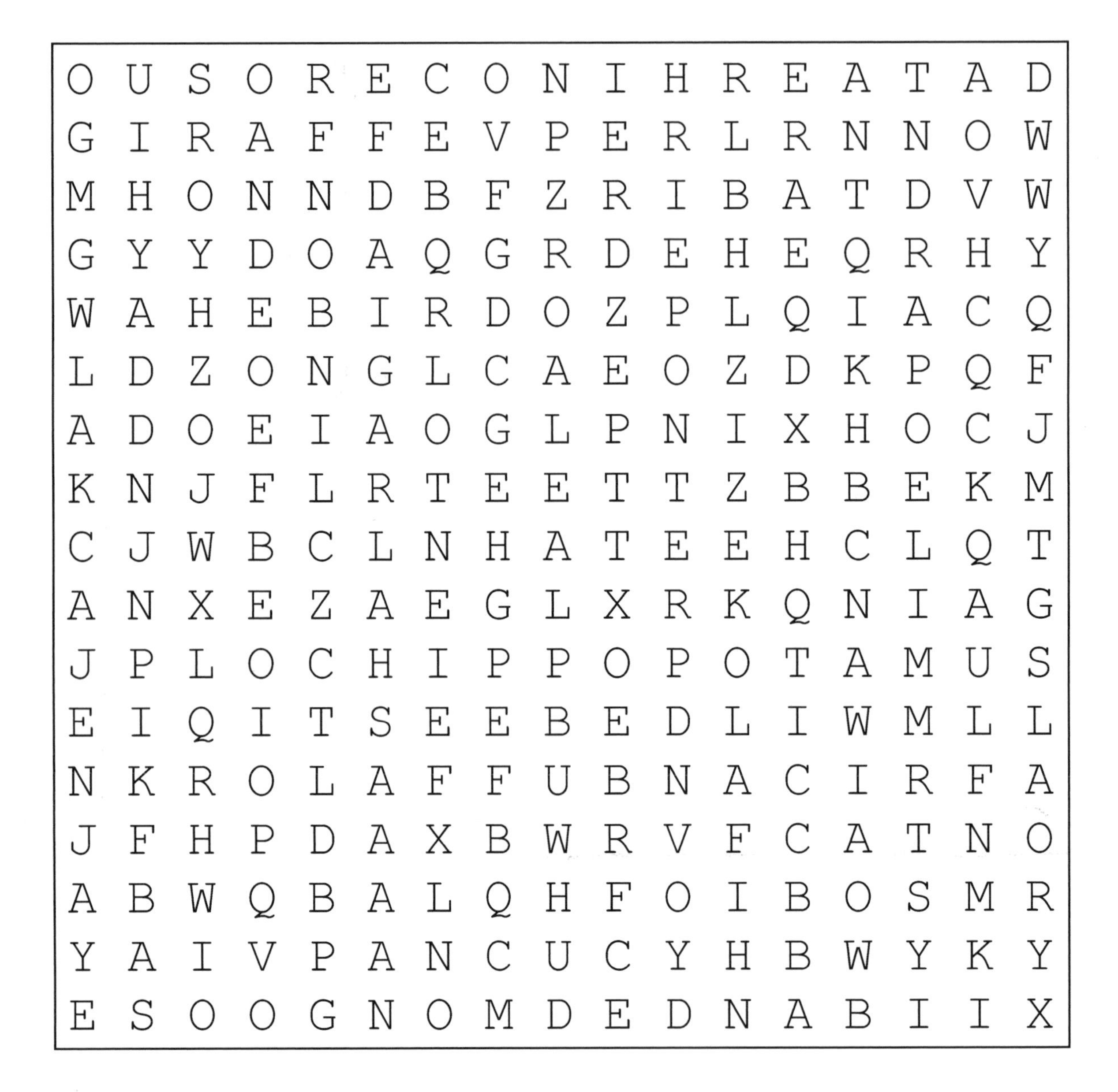

AFRICAN BUFFALO
AFRICAN ELEPHANT
ANTELOPE
BABOON
BANDED MONGOOSE
CHEETAH

GAZELLE
GIRAFFE
HIPPOPOTAMUS
HYENA
JACKAL
LEOPARD

LION
NILE CROCODILE
ORYX
RHINOCEROS
WILDEBEEST
ZEBRA

Puzzle No. 6: Jungle Adventure

R	U	B	B	E	R	T	R	E	E	D	S	T	J	M	X	T
U	A	P	A	R	R	O	T	T	W	I	Z	X	Y	A	D	N
Q	C	C	Y	M	X	B	E	E	X	U	W	H	X	N	S	L
H	B	E	R	I	T	R	E	F	D	A	N	K	K	D	N	U
Q	A	A	X	O	M	H	H	N	T	D	O	O	B	R	W	B
F	S	R	M	I	C	G	B	E	B	R	X	A	B	I	G	U
H	Z	D	T	B	O	O	R	K	C	X	N	E	A	L	C	W
D	S	E	R	R	O	L	D	H	M	A	B	E	A	L	M	W
B	L	I	I	A	I	O	I	I	N	X	C	Z	M	T	A	F
H	E	L	F	L	P	D	D	A	L	A	S	N	E	F	M	N
A	L	M	I	R	S	O	T	Y	C	E	K	A	L	U	B	V
A	U	E	L	C	E	R	E	A	Y	P	Y	P	E	Z	A	E
K	S	C	C	I	E	G	O	L	O	E	R	M	P	S	P	T
V	M	O	F	E	S	G	I	H	F	J	R	I	H	H	R	B
M	O	N	K	E	Y	Q	N	T	X	Z	K	H	A	T	X	B
N	O	H	T	Y	P	E	X	F	V	V	X	C	N	P	D	B
J	G	H	J	B	G	G	Y	G	C	M	D	L	T	S	J	N

BAMBOO
BANANA TREE
CACAO
CHIMPANZEE
CROCODILE
ELEPHANT

GORILLA
LEOPARD
MAMBA
MANDRILL
MONKEY
ORCHID

PARROT
PYTHON
RUBBER TREE
TERMITE
TIGER FISH
WATER LILIES

Puzzle No. 7: Tropical Islands

A	U	F	T	Q	T	I	L	A	E	A	X	B	U	P	K	B
S	V	B	N	W	T	F	R	T	I	P	A	N	R	I	O	P
R	O	L	E	I	X	O	F	T	M	R	I	O	M	J	R	K
K	F	C	H	C	B	G	U	N	B	S	A	L	P	I	I	V
P	A	A	I	A	Y	T	O	A	N	C	L	W	H	F	R	X
L	T	B	R	A	A	P	D	M	A	S	L	M	M	O	V	X
U	N	O	M	K	C	O	L	R	R	R	K	F	L	S	K	P
I	B	T	I	E	S	D	U	C	V	L	H	B	O	E	N	T
A	B	U	R	A	N	C	N	S	I	P	J	K	M	Y	O	E
N	B	K	H	R	P	M	C	A	R	Q	R	K	L	C	L	K
M	A	L	D	I	V	E	S	O	S	C	P	M	W	H	W	U
I	S	E	V	Z	J	G	O	A	A	K	U	R	O	E	O	H
A	U	U	Z	B	B	M	X	H	K	X	R	U	U	L	Q	P
C	U	A	A	Q	W	V	H	U	E	G	X	U	R	L	N	G
F	O	L	M	X	J	C	L	C	I	W	R	B	T	E	U	R
V	I	O	B	T	E	H	Y	M	F	W	M	L	U	S	U	X
T	I	G	K	V	M	Z	Y	D	Q	M	Z	O	Y	B	B	B

AITUTAKI
ARUBA
BALI
BARBADOS
BORA BORA
CEBU

COOK
CURACAO
FIJI
KOH LIPE
MALDIVES
MAUI

MNEMBA
OAHU
PHUKET
SEYCHELLES
TAHITI
TURKS AND CAICOS

Puzzle No. 8: Arctic Animals

G	P	L	L	L	A	H	W	R	A	N	E	S	T	T	U	R
N	R	E	A	E	Q	I	M	B	D	R	H	S	H	T	H	E
N	U	E	E	E	M	A	M	Z	R	U	A	Z	O	E	Z	E
J	X	W	E	H	S	M	Z	I	M	X	R	V	J	O	U	D
A	S	L	A	N	S	P	I	J	U	C	C	M	V	E	M	N
Y	F	Q	X	F	L	L	R	N	X	J	T	T	Y	L	L	I
R	F	W	Z	I	P	A	L	A	G	Q	I	Y	E	A	L	E
K	Y	F	H	A	B	M	N	A	H	E	C	X	B	H	E	R
M	A	U	G	R	N	H	C	D	D	N	F	A	U	W	R	P
P	O	L	A	R	B	E	A	R	S	E	O	Y	W	A	A	N
S	N	O	W	G	O	O	S	E	H	H	X	A	L	G	H	F
E	L	G	A	E	D	L	A	B	C	M	A	V	F	U	C	T
Q	K	T	V	R	E	T	T	O	A	E	S	R	S	L	I	L
M	U	S	K	O	X	W	W	I	O	X	V	T	K	E	T	B
O	W	K	K	O	Y	D	M	S	X	R	O	J	T	B	C	L
E	K	K	L	N	I	F	F	U	P	A	C	M	N	A	R	Z
B	S	W	H	T	A	F	R	N	T	X	Z	A	L	L	A	Y

ARCTIC FOX
ARCTIC HARE
BALD EAGLE
BELUGA WHALE
DALL SHEEP
GREENLAND SHARK

HARP SEAL
LEMMING
MOOSE
MUSK OX
NARWHAL
ORCA

POLAR BEAR
PUFFIN
REINDEER
SEA OTTER
SNOW GOOSE
STOAT

Puzzle No. 9: Amazing Flora

W	O	L	F	F	I	A	A	R	R	H	I	Z	A	C	H	L
W	E	L	W	I	T	S	C	H	I	A	O	N	D	A	Y	I
B	L	A	D	D	E	R	W	O	R	T	U	O	K	P	D	T
W	I	T	C	H	E	S	B	U	T	T	E	R	Z	E	N	H
R	A	F	F	L	E	S	I	A	V	X	G	B	X	S	O	O
V	E	P	T	H	A	N	U	C	F	H	Z	H	P	U	R	P
S	E	M	X	H	H	Z	D	N	A	S	J	S	U	N	A	S
C	O	R	P	S	E	F	L	O	W	E	R	O	V	D	Y	U
M	O	O	R	H	S	U	M	H	T	O	O	T	X	E	Z	C
L	O	P	A	R	T	Y	L	F	S	U	N	E	V	W	H	P
H	A	M	M	E	R	O	R	C	H	I	D	A	U	T	V	O
A	C	I	N	O	Z	A	M	A	A	I	R	O	T	C	I	V
M	A	Y	T	O	O	F	T	N	A	H	P	E	L	E	Q	C
D	R	A	G	O	N	A	R	U	M	I	X	N	X	T	G	A
G	I	F	R	E	L	G	N	A	R	T	S	H	N	Q	Y	K
S	I	L	V	E	R	T	O	R	C	H	C	A	C	T	U	S
A	F	R	I	C	A	N	A	C	A	C	I	A	M	Y	U	U

AFRICAN ACACIA
BLADDERWORT
CAPE SUNDEW
CORPSE FLOWER
DRAGON ARUM
ELEPHANT FOOT YAM

HAMMER ORCHID
HYDNORA
LITHOPS
RAFFLESIA
SILVER TORCH CACTUS
STRANGLER FIG

TOOTH MUSHROOM
VENUS FLYTRAP
VICTORIA AMAZONICA
WELWITSCHIA
WITCHES BUTTER
WOLFFIA ARRHIZA

Puzzle No. 10: Botanical Garden

A	U	A	N	T	P	V	M	B	E	O	M	S	U	T	L	W
R	C	P	E	Y	R	O	N	S	Q	U	H	V	S	E	A	I
B	I	H	R	L	J	D	U	Z	I	C	Y	I	E	P	T	L
O	N	D	B	S	A	O	Q	R	T	L	R	R	G	A	N	D
R	A	H	I	N	H	Z	A	V	Q	U	U	H	R	C	E	F
E	T	M	Q	N	U	B	A	B	T	T	C	O	S	S	M	L
T	O	L	E	R	R	S	A	L	L	O	G	F	M	D	A	O
U	B	E	E	E	G	I	U	U	X	X	A	L	H	N	N	W
M	R	U	H	F	D	C	C	G	Y	U	R	O	P	A	R	E
G	X	A	X	K	I	I	K	R	A	P	D	R	L	L	O	R
U	M	M	Z	T	T	D	K	W	K	I	E	A	A	O	M	S
I	V	E	R	R	Y	N	A	T	O	B	N	R	N	M	O	S
W	K	O	O	Z	H	C	G	H	A	Y	Y	E	T	U	C	I
B	H	H	W	A	M	I	H	F	M	P	O	W	L	F	L	C
H	U	V	E	G	E	T	A	T	I	O	N	O	O	A	M	G
P	N	X	H	T	J	P	U	A	J	B	D	L	C	P	W	O
Y	M	U	I	R	H	N	Y	Q	I	A	U	F	M	B	G	N

ARBORETUM
AZALEA
BOTANIC
BOTANY
FLORA
FLOWER

GARDEN
GREENHOUSE
HERBARIUM
HORTICULTURE
HORTICULTURIST
LANDSCAPE

LAWN
ORNAMENTAL
PARK
PLANT
VEGETATION
WILDFLOWER

Puzzle No. 11: Swimming

S	U	E	S	X	Y	X	U	F	R	K	G	J	G	D	L	T
S	K	Y	A	D	X	Q	Q	E	B	N	E	R	N	E	I	A
W	I	N	D	R	C	X	P	S	I	Q	E	K	I	S	Q	O
F	J	I	U	J	L	O	X	W	K	T	T	N	V	R	U	L
I	G	X	T	R	O	Y	O	X	A	W	Q	E	I	E	I	F
I	T	P	M	L	T	L	B	W	X	R	Q	E	D	M	D	O
F	B	N	S	B	F	G	E	A	V	X	W	D	A	E	P	G
J	N	I	A	J	W	H	N	S	T	T	R	E	E	F	O	B
S	D	J	W	Y	T	N	P	I	E	H	D	E	S	O	N	U
E	K	I	T	N	O	P	R	O	M	V	Y	P	P	L	Z	K
N	R	C	I	T	A	U	Q	A	O	M	I	N	E	D	A	B
B	P	P	N	D	L	H	B	E	H	Z	I	D	E	E	K	S
A	I	S	W	I	M	O	U	T	P	D	G	W	D	S	M	G
D	S	N	O	R	K	E	L	L	I	N	G	H	S	O	U	G
G	J	N	M	J	B	V	S	P	Y	O	R	U	O	L	Z	R
A	C	E	A	O	A	F	P	T	T	D	U	T	Q	F	S	N
G	Z	R	W	Q	X	H	N	T	Q	W	H	R	B	Y	W	G

AQUATIC
BADEN
BUOYANT
DEEPSEA DIVING
DIP IN THE WATER
DIVES

EARLY-BATH
EMERSED
FLOAT
FLOWING
GIDDY
KNEE DEEP

LIQUID
POOLSIDE
SMOOTH
SNORKELLING
SWIMMING TRUNKS
SWIM OUT

Puzzle No. 12: Party

D	C	K	V	O	C	E	T	U	C	N	E	I	K	O	O	C
P	T	U	P	L	V	N	F	A	O	C	Z	G	Y	F	Z	O
A	M	A	I	I	E	E	K	I	O	W	S	H	R	B	P	B
E	H	Q	T	V	A	E	T	P	A	M	A	O	U	W	B	C
M	U	S	E	S	I	A	I	G	M	W	S	O	J	I	R	M
E	E	B	T	I	R	S	F	M	N	T	M	G	X	S	V	D
F	N	U	F	B	U	B	V	R	I	I	N	M	I	W	A	L
U	N	B	E	J	A	B	U	N	G	O	R	B	P	W	I	H
S	I	L	T	L	U	C	G	S	I	I	G	E	B	O	C	B
O	E	C	L	C	K	P	B	T	D	N	V	W	H	A	T	B
C	M	O	P	F	M	K	A	S	T	S	E	U	G	T	N	W
Y	O	Q	L	K	R	T	Y	A	D	H	T	R	I	B	A	D
N	I	F	A	D	I	I	G	A	N	G	F	P	W	D	Q	G
H	Z	D	Y	V	U	N	E	P	Y	Y	S	E	V	S	J	N
D	P	J	N	X	D	N	C	N	F	U	Z	O	R	H	C	P
Q	K	I	D	T	Q	G	F	Z	D	U	K	F	Y	H	B	A
G	G	R	A	G	V	O	Q	T	O	S	B	M	I	U	T	L

BALLOON
BAND
BIRTHDAY
CAKE
CELEBRATION
CLIQUE

COOKIE
EVENT
FEAST
FESTIVE
FRIENDS
FROSTING

FUN
GANG
GATHERING
GUESTS
INVITATION
PLAY

Puzzle No. 13: Outside Hobbies

F	Y	R	T	G	Z	V	G	L	B	P	R	R	T	R	L	V
W	L	T	O	X	N	N	W	A	L	O	R	N	R	D	F	S
I	Q	O	J	L	I	I	S	N	L	A	E	Z	H	A	V	Q
G	C	Z	G	L	L	K	R	L	U	M	B	N	K	T	A	L
Q	W	E	R	K	E	E	E	E	E	D	E	E	E	W	C	M
D	Z	U	R	T	R	R	R	S	H	Z	I	U	S	X	Z	K
F	C	U	B	I	S	S	U	B	Z	T	Q	L	T	A	L	G
F	Y	A	R	K	N	M	G	W	L	O	I	R	K	A	B	C
A	L	B	A	D	A	K	N	I	R	A	S	L	R	I	G	X
L	T	T	G	F	P	H	I	C	T	W	D	C	S	N	G	T
J	E	E	I	U	H	L	T	X	B	F	H	E	I	T	O	A
S	G	S	N	H	R	W	A	Y	I	E	W	D	T	E	T	Y
Z	R	O	G	N	X	C	K	Z	R	S	I	M	Y	K	X	Y
E	Z	C	N	V	I	J	S	Y	Y	L	L	Z	K	C	K	K
M	C	C	X	F	D	S	E	D	S	I	B	V	V	I	D	U
D	N	E	M	V	H	P	C	S	K	A	T	E	X	R	X	G
F	U	R	L	E	A	W	I	Y	Y	K	W	O	D	C	R	S

AMUSEMENT
ARCHERY
BASEBALL
BASKETBALL
CRICKET
CROQUET

CURLING
GOLF
ICE RINK
ICE SKATING
ROLLERBLADE
ROLLER SKATES

RUGBY
SKATE
SLIDING
SLITHERING
SOCCER
TENNIS

Puzzle No. 14: Fast Foods

```
N C S C W J M T Z H C R N M N E S
E H O E A C J T O I E N F U S E G
K I H I I K H T J G W I J E J K N
C C H V Y R D I R B S B E L H E I
I K B S N O F U C H U H B A F K R
H E D A G S B Y A K C R L A W Z N
C N O D B M U N L D E G R U B B O
Y W N K A E D P E R S N B I X Z I
P I U H E C K L A F U M F S T T N
S N T N H P L O A O E C X R U O O
I G S I T I S O F T T A C O I B F
R S P K R C H E E S E B U R G E R
C S Q G S E I R F E L F F A W A S
S Q W O G A V R P J Q X P V G Z E
P Q C W N H N H F J Z A S D H Z M
L A T L S G D Q Z Y U Z E T F I I
T X U W I C Y P Y X N W D T E P O
```

BURRITO	DONUTS	KEBAB
CHEESEBURGER	FISH AND CHIPS	ONION RINGS
CHICKEN FRIES	FRIES	PIZZA
CHICKEN WINGS	GRILLED CHEESE	SOFT TACO
CRISPY CHICKEN	HAMBURGER	TACOS
CURLY FRIES	HOT DOG	WAFFLE FRIES

Puzzle No. 15: Sweets

I	M	T	B	E	S	Y	K	A	O	C	K	L	N	S	K	E
L	L	C	L	E	O	N	W	C	O	K	E	H	L	I	K	H
O	L	U	A	A	K	Q	U	O	Z	M	R	L	F	A	C	C
N	E	Z	C	B	G	A	K	B	O	G	A	L	C	P	H	E
N	E	Z	K	G	B	I	C	N	M	B	I	E	R	O	M	T
A	D	V	F	B	E	O	T	T	E	O	S	A	C	Y	K	K
C	M	H	O	S	I	A	R	M	U	E	M	O	F	L	A	N
Y	C	A	R	Y	R	X	A	M	E	N	L	A	Y	L	W	T
S	S	O	E	T	R	S	D	H	A	A	O	L	D	V	O	T
E	E	E	S	H	E	N	C	G	T	F	N	C	W	R	I	X
R	C	N	T	S	I	C	W	E	H	Y	T	P	O	G	A	A
O	C	D	C	B	L	F	M	O	T	A	L	E	G	C	X	C
J	U	I	A	R	Q	O	G	U	L	A	B	J	A	M	U	N
A	P	E	K	R	U	S	E	I	N	W	O	R	B	H	Z	O
F	H	E	E	S	L	E	D	U	R	T	S	L	E	F	P	A
L	C	Y	S	A	P	A	V	A	L	K	A	B	N	U	I	K
A	B	E	T	A	X	W	J	G	I	X	X	A	X	M	J	F

ALFAJORES
APFELSTRUDEL
BAKLAVA
BLACK FOREST CAKE
BORMA
BROWNIES

CANNOLI
CARDAMOM BUNS
CHEESECAKE
CHOCOLATE MOUSSE
COCONUT CAKE
COOKIES

FLAN
GELATO
GULAB JAMUN
KIFLI
LEMON TART
SESAME BALLS

Puzzle No. 16: Party Games

N	W	O	D	K	C	O	N	K	L	T	H	F	P	X	D	V
B	A	L	L	O	O	N	S	T	O	M	P	N	I	T	N	Z
T	R	U	T	H	T	R	U	T	H	L	I	E	O	G	O	N
G	R	J	T	S	I	T	R	A	P	U	E	K	A	M	E	G
A	M	R	J	U	N	K	I	N	T	H	E	T	R	U	N	K
T	U	N	O	D	E	H	T	T	A	E	M	N	T	V	M	E
L	L	A	B	G	N	I	K	C	E	R	W	S	E	T	N	M
W	I	N	K	A	S	S	A	S	S	I	N	X	X	O	M	X
R	E	D	A	E	L	E	H	T	D	N	I	F	E	C	U	F
B	A	B	Y	I	N	T	H	E	A	I	R	N	I	Q	S	M
W	O	L	B	N	O	O	L	L	A	B	J	V	X	N	Q	D
F	O	R	T	U	N	E	T	E	L	L	E	R	G	A	M	E
W	O	U	L	D	Y	O	U	R	A	T	H	E	R	D	T	S
E	N	U	T	T	A	H	T	S	S	E	U	G	D	X	N	D
G	N	I	L	T	S	E	R	W	K	C	O	S	S	R	U	C
R	E	K	C	A	T	S	D	E	E	P	S	A	N	D	J	D
W	A	C	K	Y	D	U	C	K	T	U	O	T	I	T	C	A

ACT IT OUT
BABY IN THE AIR
BALLOON BLOW
BALLOON STOMP
EAT THE DONUT
FIND THE LEADER

FORTUNE TELLER GAME
GUESS THAT TUNE
JUNK IN THE TRUNK
KNOCKDOWN
MAKEUP ARTIST
SOCK WRESTLING

SPEED STACKER
TRUTH TRUTH LIE
WACKY DUCK
WINK ASSASSIN
WOULD YOU RATHER
WRECKING BALL

Puzzle No. 17: Colors

N U R M A D M E N E P Q R F Y V K
B O D F Q L Y R H N G M R V I S W
I P S M R E U U V I H A T O D W X
F M A M U M X Z J R O C L Y V A N
H G M L I D Z A H A K E Y R E D P
F D B P C R S N R M T N J A W Q X
Z C D E F W C P P A X Z W X N L E
U Q H D T J H S S U O N V O I C C
N W C W A B U K E Q R T E M R D V
P M D H Z G J S I A A Y E E L B V
Z F K X E R I B E E N J U Q R E U
V Z X H N O M Y Z E G N Z R Y G A
J D Z S U X R A W B E W Y K Z C M
W F X Q M A G E N T A Y N E M P Q
E J R Q W R S H S W D I D J U A T
Q U P U R P L E M M P C U W B M L
T Y E L L O W Q Y M T E A L V N I

AQUAMARINE
AZURE
BLUE
BROWN
CRIMSON
CYAN

GREEN
LIME
MAGENTA
NAVY
ORANGE
PINK

PURPLE
RED
TEAL
TURQUOISE
VIOLET
YELLOW

Puzzle No. 18: Fashion

E D I C H Z G L F E B C R X R C D
I L T J M A A Z V X A C X D O D R
D R E K I U N I Y T X X T L H E A
E J E G S F T D W L P U L Y U T M
N U P A A A R A M L X E E R S A A
T M C P R N L B N A C W L O K D T
I W M O C K C L S T D G E S F E I
T N C C B R I E I A Z E R S F G C
Y E S C A J L O T J B V A E R N C
D O E V I Q N T B W K H P C A I L
A O V Q C B R J N L I Y P C G H A
N R J R W A H W I N S L A A R T S
G G B O C T N E R E F F I D A O S
X J I T B A C K D R O P R W N L I
N Z I S R T R I I A M M K G C C C
Q V Q P E E S F L Y R V K C E L X
E B N Z A D X T J D A I I J C T Z

ACCESSORY
APPAREL
ATTRACTIVE
BACKDROP
CASUAL
CATWALK

CLASSIC
CLOTHING
COLLECTION
DATED
DECORATIVE
DESIGN

DIFFERENT
DRAMATIC
ELEGANCE
FRAGRANCE
HAND-MADE
IDENTITY

Puzzle No. 19: School

C	O	U	K	M	V	L	J	P	S	C	S	D	E	D	M	U
U	D	M	I	U	U	Y	A	L	U	R	L	L	M	L	O	M
L	D	F	N	E	N	L	I	O	E	P	E	T	O	O	O	D
T	W	F	D	Z	R	P	U	H	H	M	I	O	F	E	R	Q
I	G	T	E	G	U	P	C	C	E	S	H	L	D	K	S	L
V	K	N	R	P	Z	A	X	N	I	C	J	U	T	S	S	F
A	W	E	G	X	E	C	T	H	S	R	C	P	F	M	A	C
T	T	D	A	T	S	A	K	E	B	A	R	M	A	O	L	R
E	E	U	R	U	R	N	R	R	T	G	Y	U	J	O	C	E
C	L	T	T	Y	D	P	P	E	K	O	M	Y	C	R	P	H
K	I	S	E	E	M	I	T	L	O	O	H	C	S	S	J	C
K	U	V	N	S	T	N	E	D	U	T	S	L	Q	S	E	A
G	E	K	I	H	U	C	O	L	L	E	G	E	H	A	D	E
B	R	A	Y	L	U	P	I	X	Q	E	O	Q	J	L	J	T
T	Z	A	Q	S	I	C	R	U	X	R	W	S	Z	C	L	Y
Q	Z	Z	S	K	U	Z	S	N	H	L	C	K	O	E	J	L
D	L	Z	S	J	E	X	E	X	F	L	S	V	T	H	E	R

CIVILIZE
CLASSROOM
CLASSROOMS
COLLEGE
CULTIVATE
CURRICULUM

EDUCATE
ELEMENTARY
KINDERGARTEN
PRESCHOOL
PUPIL
PUPILS

SCHOOLTIME
SHOAL
STUDENT
STUDENTS
TEACHER
TEACHERS

Puzzle No. 20: Mythical Creatures

```
N E K A R K X D K D T N B I E P F
Y N D A K I L I P R K A N Y E W C
R Y V Z N U K A Z G N I U P L D Y
K N X E C K S M T S G O U N H S C
W A O I V E E R H G R Y P H O N L
R H R G V L K E A M E Z J P S C O
P G Y L A H E M B F U N H P U D P
A O E D Q R L Z W A M Q M R O M S
E C E M R P D X L A S N I C Q Y B
Q N E I K A X O H E R I P M A V G
F K R N F A I R Y S J L L D J I Y
Q Q B O T I D K B Q P B D I X M M
F Y Q T C A W E R E W O L F S P Z
V G P A N I U B V F D G E W H K R
Q R M U M J N R J Y J Y Z I U H O
Y A L R V H A U R V Q F R C B R L
T Q M S E X I I Q M P N L G F K B
```

BANSHEE	FAIRY	MERMAID
BASILISK	GOBLIN	MINOTAUR
CENTAUR	GRYPHON	PHOENIX
CYCLOPS	HYDRA	UNICORN
DRAGON	IMP	VAMPIRE
ELVES	KRAKEN	WEREWOLF

Puzzle No. 21: Carnival

E	F	T	M	N	R	R	W	O	F	Q	T	Y	P	C	C	N
S	X	D	N	Q	E	O	C	I	R	C	U	S	F	I	O	F
T	C	T	X	E	H	E	K	J	U	P	A	R	R	Q	E	F
F	E	B	R	S	V	E	W	A	Q	H	U	Q	I	S	K	I
A	A	D	E	A	Y	E	F	O	W	P	U	N	T	F	Y	E
R	Q	D	A	T	V	O	W	E	L	E	J	I	R	U	I	S
C	I	A	Q	R	F	A	M	W	A	L	V	C	I	N	R	T
S	D	B	J	W	A	A	G	S	L	A	A	W	A	A	I	A
O	E	D	O	R	O	P	R	A	L	O	V	H	F	H	A	I
G	W	W	N	D	F	H	E	C	N	Y	B	M	N	Q	F	Y
S	W	S	X	J	H	K	S	O	I	Z	T	S	U	T	Y	I
K	W	F	Z	G	E	B	H	A	A	D	A	R	F	B	V	A
N	O	I	T	A	R	B	E	L	E	C	N	N	A	L	F	K
V	I	M	G	R	C	R	L	B	F	T	E	A	J	P	D	T
I	P	K	E	N	W	H	Q	A	E	K	R	C	H	J	O	B
S	P	C	Z	E	O	K	X	K	L	J	F	B	Y	P	O	H
M	J	F	N	R	K	O	L	F	F	E	L	T	J	Y	D	G

CELEBRATION
CIRCUS
CIRQUE
CRAFTS
EVENT
EXTRAVAGANZA

FAIR
FESTIVAL
FIESTA
FUN
FUNFAIR
HALLOWEEN

HANDICRAFT
PARADE
PARTY
RODEO
SHOW
SIDESHOW

Puzzle No. 22: Chocolate Heaven

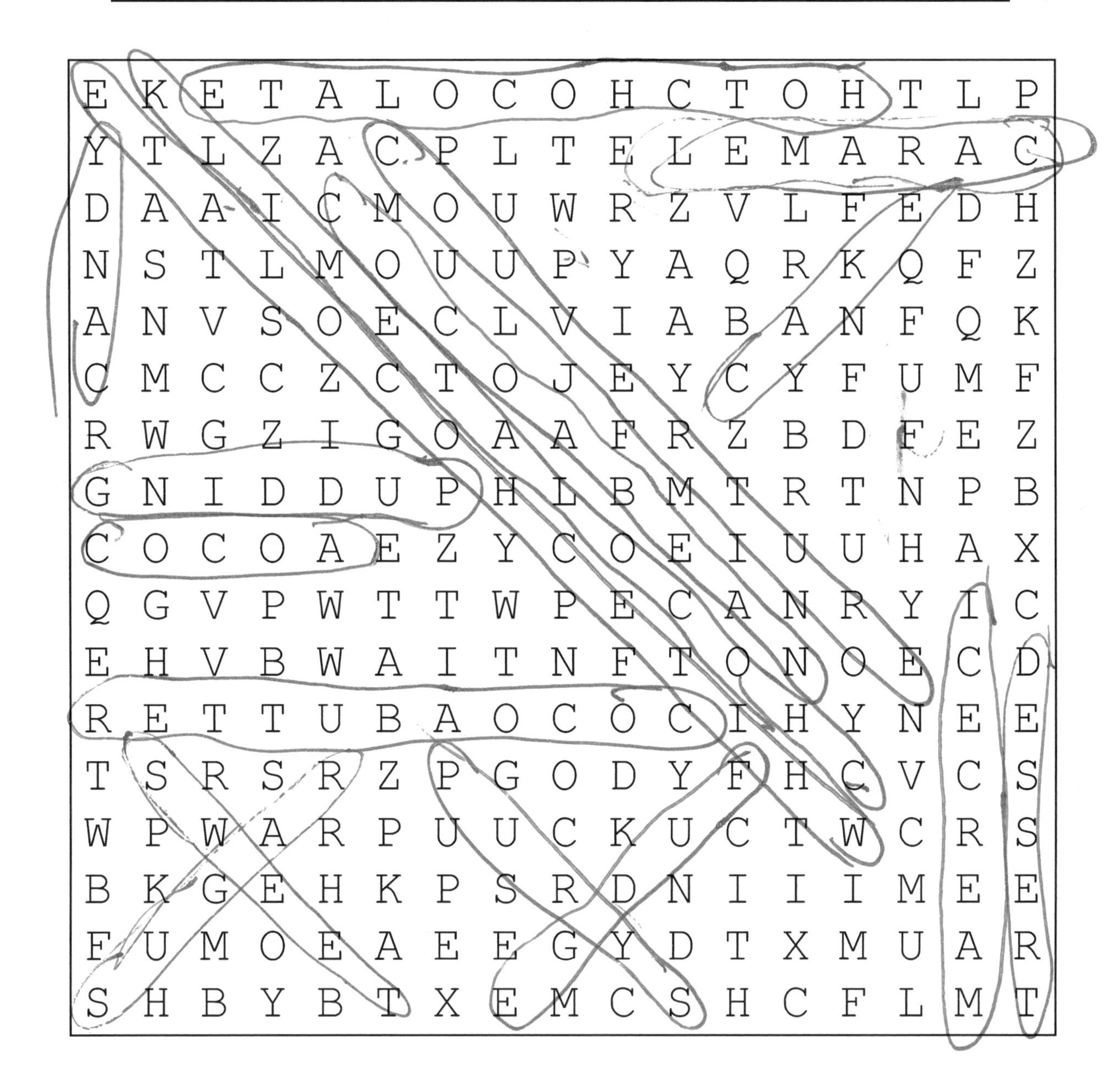

Puzzle No. 23: Fitness

K	K	U	B	U	F	P	F	Y	I	A	Y	F	O	M	L	F
E	X	Q	P	J	P	T	U	O	K	R	O	W	A	E	R	N
S	C	O	N	D	I	T	I	O	N	I	N	G	W	K	O	Y
D	U	M	B	B	E	L	L	P	U	M	R	A	W	I	N	U
R	E	C	O	V	E	R	Y	D	E	V	I	K	T	T	G	X
H	Q	T	S	T	X	E	I	N	T	W	H	I	R	F	A	L
O	Z	X	G	Z	T	E	O	W	S	N	R	A	G	L	J	Q
Z	I	L	C	Y	T	T	X	P	F	T	I	N	E	D	Z	S
E	N	D	U	R	A	N	C	E	U	N	I	R	D	Q	Q	N
E	E	E	N	E	R	G	Y	N	I	G	N	F	U	L	W	Y
R	T	C	J	S	X	Q	Y	N	G	H	O	D	O	L	K	S
O	N	E	N	X	J	S	G	O	C	Q	B	X	U	X	C	H
Q	U	T	L	A	T	M	J	W	V	P	U	N	G	O	R	W
O	P	E	Y	H	L	L	A	O	G	Y	R	L	A	K	A	M
B	U	D	M	N	T	A	B	K	Z	F	U	C	J	Z	U	O
T	O	B	B	I	R	A	B	T	Z	S	H	N	Q	N	X	Q
B	J	B	F	E	M	R	S	B	A	X	A	K	L	S	P	Z

ATHLETE
BALANCE
BODY
COACH
CONDITIONING
DIET

DUMBBELL
ENDURANCE
ENERGY
GOAL
JOGGING
NUTRITION

RECOVERY
RELAX
TONE
TRAINING
WARM-UP
WORKOUT

Puzzle No. 24: Winter Sports

G	D	G	R	G	R	C	I	B	R	A	G	F	F	W	G	H
S	N	K	N	I	N	P	Y	B	F	N	E	I	E	N	I	V
L	K	I	Z	I	S	I	P	E	I	T	G	J	I	F	C	S
O	G	X	I	N	D	K	D	K	D	U	J	I	K	L	E	I
P	G	N	E	K	Q	R	I	I	R	Q	K	L	W	O	C	C
E	N	L	I	S	S	B	A	E	L	S	W	N	R	G	L	E
S	I	W	F	T	W	E	S	O	E	S	O	H	A	W	I	H
T	L	K	G	O	I	K	L	N	B	T	W	P	F	O	M	O
Y	R	Y	N	S	A	K	I	Y	E	W	L	O	F	N	B	C
L	U	S	G	T	Q	P	W	L	T	Z	O	W	N	S	I	K
E	C	Z	I	A	L	O	E	O	Y	S	G	N	S	S	N	E
C	A	N	K	A	N	K	F	C	N	E	E	C	S	X	G	Y
B	G	U	H	K	S	F	R	I	V	S	G	E	P	Q	Z	H
S	P	E	E	D	S	K	A	T	I	N	G	U	R	F	C	D
G	N	I	D	D	E	L	S	B	O	B	T	M	L	F	R	L
S	K	I	J	U	M	P	I	N	G	R	G	W	M	A	A	J
G	N	I	D	D	E	L	S	G	O	D	X	L	E	A	Y	S

ALPINE SKIING	ICE CLIMBING	SNOWBIKING
BOBSLEDDING	ICE HOCKEY	SNOWBOARDING
CURLING	LUGE	SNOW GOLF
DOGSLEDDING	SKELETON	SNOW KITING
FIGURE SKATING	SKI JUMPING	SNOW SLIDING
FREESTYLE SKIING	SLOPESTYLE	SPEED SKATING

Puzzle No. 25: Dreams

F	A	N	C	Y	B	S	T	C	A	L	M	U	R	T	N	N
R	P	L	N	U	U	K	R	S	M	X	H	I	H	O	O	F
W	I	M	B	B	O	B	A	B	I	X	A	O	I	I	N	L
K	P	B	U	I	Y	T	N	X	C	E	U	S	T	X	E	Y
I	L	C	X	D	M	H	C	I	H	G	S	A	D	K	I	E
E	N	Y	U	E	G	M	E	T	H	E	N	V	W	Y	R	Y
I	B	G	N	A	Z	Y	N	T	R	I	F	G	J	D	E	S
U	U	B	O	R	C	I	O	P	G	G	G	X	V	N	V	J
L	X	L	F	G	E	Q	M	A	U	O	E	H	V	I	E	T
Y	F	U	B	L	O	I	M	W	M	G	P	E	N	G	R	J
R	W	D	T	X	F	I	F	A	N	T	A	S	Y	H	C	Y
Z	N	S	N	O	I	T	A	L	U	C	E	P	S	T	Q	E
D	A	H	E	A	D	T	R	I	P	I	Z	V	Y	M	X	Q
C	M	A	E	R	D	Y	A	D	G	A	M	D	W	A	E	Q
D	L	V	R	J	X	H	B	F	W	E	H	A	B	R	Y	G
M	R	T	H	L	S	A	L	B	P	J	R	Y	G	E	P	V
R	A	I	N	B	O	W	I	H	C	Z	D	C	F	E	G	N

BUBBLE
CALM
CASTLE IN THE AIR
DAYDREAM
FANCY
FANTASY

HEAD TRIP
IDEA
IMAGE
IMAGINATION
IMPRESSION
INCUBUS

NIGHTMARE
RAINBOW
REVERIE
SPECULATION
THOUGHT
TRANCE

Puzzle No. 26: Pirates

E R X D Y Q F T V G S Y D G S U J
B L A C K B E A R D P L O T S I P
R E D B E A R D S A Y A N S W W D
U G Q Y N N X H J T G D Z H H I E
M F C L Z K X G C P L S Q O A I J
M O D E E R F I I F A N N M B N P
N S I Q U S W Z F G S Z R K S Y S
D F S M G R I E M W S E G U B X T
X K D A E U R V U H M P Z A G S L
C A J D L U X U R I X X W L E Q U
I B I C S T X V I T A U D D H S D
V A A A Z P U P S E Q I E K Y R N
R M E Q D V H C L B G O L D T I I
Q R A I O F J D A E B K A S P F W
T Y I C W K S X N A Z V M R T N Q
F L A G Y W Q I D R Y C S V G S E
T S A M W K T Z B D A O A U P W F

BLACKBEARD
CUTLASS
FLAG
FREEDOM
GOLD
ISLAND

MAST
MERMAID
PISTOL
RAIDER
REDBEARD
RUM

SEA
SHIP
SPYGLASS
TREASURE
WHITEBEARD
WIND

Puzzle No. 27: Wild West

```
S Y F N A J E H E E W N L K D Y C
U A O Q R S B T X V G K L F Y A S
N V H B R L C I E A Z L H A M T S
H K U O W K N M L R U U F P A S V
V E H E F O J S T B U U F L E L Z
W A L T U O C K T F V I L L T A Z
S Q G E L D B C A A R I W N U S R
D A L A W Z I A C E O A U I I S T
B F P I L D T L G N L O V J C O Q
Z Q J Y Y L J B N R M U K E U F J
G Z K H O K O M I O K A O T Y L N
U M H D N N E P V R E V L O V E R
N R H D U L J W I V E C E T D I T
S T A M P E D E R O F R X L R E E
Y S Q C G Q X R D T X X I Y Y D X
G O L F F E V E R B A N D A N N A
M Q K L L N E R I F N U G R E Z Y
```

BANDANNA	GALLOP	LAWLESS
BLACKSMITH	GOLF FEVER	MOUNT
BRAVE	GUN	OUTLAW
CAMPFIRE	GUNFIRE	REVOLVER
COWBOY	HORSE	STALLION
DRIVING CATTLE	LASSO	STAMPEDE

Puzzle No. 28: Outer Space

C	I	M	B	J	G	Q	K	K	V	C	M	G	Z	Y	J	F
P	O	A	P	L	G	G	V	D	C	P	A	E	Z	Y	H	B
Y	Q	S	M	R	A	T	L	S	F	L	M	O	J	A	M	S
H	C	E	M	Y	M	C	J	I	A	X	R	L	A	V	U	F
K	X	H	V	I	W	Q	K	X	W	B	A	U	U	P	Z	L
B	Q	F	Z	B	C	U	Y	M	I	X	V	N	E	H	N	T
M	I	J	V	X	L	R	A	T	A	N	K	R	O	E	N	M
E	R	G	E	F	K	A	A	E	C	T	N	F	J	O	T	L
T	N	O	B	W	H	L	C	Y	O	O	T	U	X	U	M	T
E	S	U	N	A	D	J	K	K	V	U	Z	E	O	U	U	X
O	Y	X	H	D	N	K	J	A	H	T	L	V	R	A	L	P
R	N	I	W	N	J	G	B	F	H	O	V	O	N	G	L	S
S	O	L	A	R	S	Y	S	T	E	M	L	O	U	A	T	R
S	P	A	C	E	S	H	I	P	C	O	R	E	N	A	J	S
D	I	O	R	E	T	S	A	W	U	T	A	E	R	S	A	Y
E	T	I	N	I	F	N	I	A	S	V	T	T	U	O	P	Z
S	T	E	M	O	C	Z	N	A	G	S	S	P	S	X	W	U

ASTEROID
ASTRONAUT
BIG BANG
BLACK HOLE
BLACK-MATTER
COMETS

COSMIC RAY
GALAXY
INFINITE
METEOR
MOON
ORBIT

PLANETS
SOLAR SYSTEM
SPACESHIP
STARTS
SUN
SUPERNOVA

Puzzle No. 29: Camping

J	K	W	I	C	D	R	G	S	E	R	U	T	A	N	P	M
O	D	F	Y	R	U	I	Z	L	P	D	F	D	W	N	J	S
M	E	R	N	F	C	A	R	E	T	T	T	Y	A	G	M	J
S	C	E	R	B	T	H	I	E	M	B	L	W	T	T	Z	U
S	L	O	T	X	T	C	A	P	E	N	E	M	E	A	A	P
X	W	E	S	J	A	P	H	I	V	X	V	M	R	H	X	A
A	T	O	E	S	P	M	S	N	U	I	A	K	B	N	H	M
E	I	D	L	P	E	A	E	G	L	A	T	M	O	U	T	L
A	N	P	D	L	I	C	R	B	G	R	Q	W	T	S	V	C
S	T	O	V	E	A	N	F	A	D	K	M	Q	T	K	G	E
B	T	S	G	J	C	M	G	G	G	N	K	T	L	G	R	T
L	A	N	T	E	R	N	H	P	R	Q	J	U	E	I	E	R
F	R	I	E	N	D	S	G	S	A	S	B	H	F	N	E	L
S	U	N	S	C	R	E	E	N	R	D	I	P	T	L	T	Q
B	I	N	O	C	U	L	A	R	S	A	M	B	O	K	W	O
T	J	B	X	J	Y	G	O	T	Z	A	M	O	D	N	P	M
M	Z	V	F	H	Z	X	D	P	C	D	C	L	L	X	R	M

AXE
BINOCULARS
CAMP CHAIR
CAMPFIRE
COOLER
DUCT TAPE
FRESH AIR
FRIENDS
LANTERN
MARSHMALLOWS
NATURE
SLEEPING BAG
SLEEPING PAD
STOVE
SUN HAT
SUNSCREEN
TENT
WATER BOTTLE

Puzzle No. 30: Olympic Sports

D	N	H	U	K	E	Y	W	G	T	H	A	O	W	S	U	W
I	N	J	M	F	E	G	S	E	P	J	R	S	E	C	W	R
V	V	I	A	F	S	M	H	L	E	W	W	O	I	I	A	E
I	U	P	E	M	R	E	E	S	M	J	A	D	G	T	T	S
N	U	H	A	Z	Q	N	Y	O	L	V	F	P	H	E	E	T
G	R	O	W	I	N	G	Z	Q	X	H	S	I	T	L	R	L
S	P	O	R	T	C	L	I	M	B	I	N	G	L	H	P	I
O	E	O	N	A	C	K	K	J	J	Q	Z	L	I	T	O	N
T	A	B	L	E	T	E	N	N	I	S	L	R	F	A	L	G
S	U	Q	J	P	C	S	S	F	O	A	U	H	T	W	O	D
O	B	Y	O	M	I	A	E	D	B	G	T	J	I	V	E	U
F	Z	V	S	N	I	N	T	Y	B	N	D	K	N	A	X	Q
T	F	A	N	L	C	X	E	Y	X	W	Y	B	G	C	M	N
B	B	E	I	I	X	L	C	I	P	M	Y	L	A	R	A	P
A	T	N	N	S	L	I	L	S	T	A	E	I	W	C	X	O
L	G	G	D	O	R	H	I	I	T	M	E	T	A	R	A	K
L	Y	E	V	T	A	E	K	W	O	N	D	O	L	A	O	T

ATHLETICS
CANOE
DIVING
FENCING
KARATE
PARALYMPIC
ROWING
RUGBY
SAILING
SOFTBALL
SPORT CLIMBING
TABLE TENNIS
TAEKWONDO
TENNIS
VOLLEYBALL
WATER POLO
WEIGHTLIFTING
WRESTLING

Puzzle No. 31: Prom

S	S	L	N	Q	G	I	J	O	L	E	I	Q	S	D	S	P
E	E	N	O	H	C	D	L	L	J	N	M	F	U	R	E	Y
L	O	I	R	O	K	P	A	X	J	O	R	C	K	E	X	K
K	M	C	R	Y	H	H	S	F	B	T	Z	E	Q	S	V	J
F	N	K	A	O	E	C	J	R	D	S	T	R	W	S	Q	U
E	T	A	D	C	M	U	S	I	C	E	J	O	Y	O	E	B
J	F	K	N	W	V	E	S	E	Q	L	G	Q	Q	E	L	A
X	N	A	K	O	U	R	M	N	A	I	S	R	H	X	L	F
U	D	O	I	J	B	V	O	D	E	M	U	T	S	C	A	O
S	O	C	I	A	L	G	O	S	C	N	C	H	M	I	F	Y
E	S	E	U	R	U	A	N	E	R	V	O	U	S	T	Y	S
H	L	U	Q	P	T	L	J	T	J	B	T	V	S	E	P	S
X	Y	G	I	H	O	A	R	X	X	L	E	E	D	D	P	A
A	T	M	N	T	R	L	Q	Q	I	N	R	X	A	J	A	L
F	L	D	G	I	W	R	K	X	S	B	X	U	N	B	H	C
E	C	R	N	W	M	A	H	O	I	C	Q	C	C	G	W	B
U	K	E	C	A	A	Q	A	P	G	D	E	N	E	V	W	C

CLASS
DANCE
DANCE HALL
DATE
DRESS
EXCITED

FLOWER
FRIENDS
GALA
HAPPY
JOY
MEMORIES

MILESTONE
MINGLE
NERVOUS
SCHOOL
SOCIAL
SUIT

Puzzle No. 32: Music Festival

R	N	S	P	M	N	T	W	D	F	O	M	M	Y	K	Z	T
D	R	E	A	M	X	D	I	V	C	V	T	Y	B	D	Q	R
S	G	A	L	F	I	E	K	R	E	Y	T	I	N	U	U	A
P	V	E	A	G	B	C	X	G	I	K	E	S	L	I	I	V
K	Y	M	D	F	D	S	H	W	R	P	O	W	B	X	H	E
R	W	B	Q	A	I	M	M	U	P	N	S	E	V	A	H	L
Q	E	Y	R	N	R	V	W	L	G	D	S	E	R	L	J	H
U	G	W	G	B	M	W	P	A	O	T	H	M	E	N	C	T
R	F	I	C	E	V	K	N	E	F	B	O	L	L	R	S	B
X	N	V	L	K	A	Q	V	R	A	N	B	E	Z	I	F	E
G	S	O	L	C	P	J	I	S	Y	C	W	G	T	W	F	N
Q	D	J	O	M	U	E	Y	L	P	T	E	R	F	E	W	E
Y	V	T	V	X	N	D	Z	R	C	S	A	B	A	N	D	C
W	N	I	E	D	X	A	V	C	V	W	Y	K	I	H	E	S
G	H	E	I	J	E	S	M	U	S	I	C	F	N	V	C	N
M	E	M	O	R	I	E	S	L	A	U	G	H	T	E	R	M
H	M	B	B	J	G	C	M	X	I	X	V	Q	D	X	D	F

ARTIST
BAND
BEST FRIEND
DREAM
FLAGS
FREE SPIRIT

HARMONY
LAUGHTER
LOVE
MELODY
MEMORIES
MUSIC

PEACE
SCENE
SINGING
SONG
TRAVEL
UNITY

Puzzle No. 33: Planet Earth

A	G	E	R	S	S	C	Z	N	T	S	Z	P	B	Y	T	A
L	L	A	F	R	E	T	A	W	I	S	N	I	P	R	E	N
J	U	N	G	L	E	D	D	T	E	A	O	A	A	I	X	A
A	R	C	T	I	C	H	U	R	M	S	T	P	E	A	Z	V
S	Z	X	D	F	T	W	U	O	P	V	S	N	X	C	A	A
K	B	I	D	R	G	T	R	H	L	S	N	K	U	A	O	S
Y	I	O	E	D	L	E	E	L	R	C	A	X	B	O	V	Z
Q	H	S	M	U	V	R	Q	I	K	R	M	P	Z	E	M	D
Q	E	L	C	I	E	P	A	D	T	H	U	F	W	R	R	N
D	Y	R	R	Q	Q	R	H	P	Q	B	H	A	C	U	I	E
U	M	W	S	S	N	I	M	F	V	E	B	N	I	T	W	R
V	S	B	R	S	W	P	B	O	K	Y	M	I	B	A	S	W
K	M	F	E	G	T	L	A	D	F	L	D	M	D	N	I	H
A	G	C	Y	O	R	C	K	W	I	U	R	A	C	V	Y	K
L	G	J	G	Z	R	J	Q	G	T	Z	C	L	E	F	I	L
X	X	P	Z	D	U	V	H	C	W	U	I	S	B	O	A	C
X	X	Q	K	O	N	T	D	D	B	A	B	O	R	A	R	V

AIR
ANIMALS
ARCTIC
BIOSPHERE
CLOUD
CULTURES

DESERT
HUMAN
JUNGLE
LIFE
LIGHT
MOUNTAIN

NATURE
OCEANS
RIVER
SAVANA
SKY
WATERFALL

Puzzle No. 34: Planets and Moons

T	L	K	K	I	N	Y	A	D	J	S	P	H	P	J	Y	V
S	Y	R	I	J	B	J	F	U	O	U	X	B	J	U	D	I
Y	R	U	C	R	E	M	H	P	O	N	R	S	E	E	I	R
A	R	S	F	Q	M	T	U	T	X	A	H	O	M	N	Q	B
Q	J	F	Z	I	R	C	B	U	L	R	Q	I	E	K	H	M
X	L	O	M	A	K	U	V	Y	G	U	O	P	D	Z	A	S
U	X	U	E	S	Z	C	B	T	O	S	T	E	N	V	P	W
E	G	O	J	U	P	I	T	E	R	U	O	U	P	S	J	B
P	A	N	D	O	R	A	V	B	N	C	O	R	P	J	O	F
P	O	S	T	E	P	N	X	E	A	H	U	O	V	Q	M	J
O	T	S	I	L	L	A	C	O	I	O	T	P	C	N	I	F
E	H	I	L	N	P	G	T	S	N	P	B	A	X	N	V	V
E	L	R	V	I	B	U	G	K	A	O	H	E	R	X	L	W
M	H	A	T	R	L	M	Z	Z	T	K	V	U	R	P	J	Q
E	Q	M	R	P	A	Y	M	C	I	A	T	U	S	O	J	P
X	Z	C	H	A	S	N	I	B	T	A	S	R	A	M	N	I
Y	S	T	E	W	W	U	U	E	S	S	U	N	E	V	Z	U

CALLISTO
DEMIOS
EARTH
ELARA
EUROPA
JUPITER

MARS
MERCURY
NARVI
NEPTUNE
OBERON
PANDORA

PLUTO
PUCK
SATURN
TITANIA
URANUS
VENUS

Puzzle No. 35: Greatest Cities

N	B	O	I	R	F	T	B	X	Q	P	K	L	M	N	M	S
M	E	E	A	N	O	L	E	C	R	A	B	O	Y	F	J	C
L	O	W	R	W	N	M	B	S	M	J	M	N	G	F	V	B
X	A	S	Y	L	Z	K	Y	A	I	A	V	D	S	U	I	K
N	A	S	C	O	I	B	H	Y	D	R	B	O	T	D	S	C
H	T	W	V	O	R	N	D	R	S	E	A	N	S	V	Y	J
J	O	N	M	E	W	K	I	U	I	L	L	P	K	J	M	F
Z	K	F	Z	P	G	D	F	J	B	S	E	I	R	L	Y	D
Q	Y	J	H	B	C	A	I	K	Z	L	R	R	O	U	R	B
A	O	H	R	Y	E	N	S	U	U	Z	I	H	D	V	B	L
H	G	J	A	L	G	K	I	C	N	E	K	N	H	O	C	L
C	O	P	E	N	H	A	G	E	N	C	U	Z	F	B	D	E
R	M	O	T	C	J	S	Z	N	O	L	O	G	P	K	M	X
L	P	B	A	I	E	Q	L	T	U	B	F	E	A	O	G	Z
Z	M	I	V	Y	H	F	S	O	T	R	O	P	R	R	V	Q
G	R	E	P	P	U	T	W	F	Y	Q	G	F	T	A	P	Y
O	N	V	Y	W	A	U	S	U	X	N	W	Y	A	R	D	U

BARCELONA
BEIJING
BERLIN
CAIRO
COPENHAGEN
DUBLIN

LAS VEGAS
LONDON
MADRID
MOSCOW
NEW YORK
PARIS

PORTO
PRAGUE
RIO
ROME
STOCKHOLM
TOKYO

Puzzle No. 36: Urban Fun

E	L	G	R	Y	C	W	N	L	F	Y	E	E	A	E	Z	C
O	X	A	N	E	T	M	Z	C	Q	O	S	P	G	X	R	K
P	K	P	V	I	E	W	Z	R	F	T	V	A	A	P	W	X
F	Q	Z	L	I	T	T	X	K	L	K	M	C	N	L	K	K
M	M	W	N	O	T	C	N	M	O	M	Q	S	E	O	S	R
N	T	L	V	Z	R	S	E	U	H	B	E	E	T	R	I	A
G	N	I	K	I	B	E	E	N	L	K	Y	F	W	I	L	P
C	L	T	H	Y	B	W	B	F	N	O	K	O	O	N	I	N
Z	Y	T	X	T	Q	D	U	Y	E	O	V	O	R	G	C	U
E	L	A	S	P	O	O	T	S	B	E	C	R	K	B	L	F
R	U	O	T	O	T	O	H	P	S	I	R	Y	I	N	U	W
A	G	O	Y	R	O	O	D	T	U	O	K	F	N	N	B	B
R	U	O	T	G	N	I	K	L	A	W	U	E	G	L	B	I
F	L	O	G	I	N	I	M	J	O	G	G	I	N	G	I	K
S	K	A	T	E	B	O	A	R	D	I	N	G	Q	R	N	K
B	D	C	O	N	F	E	R	E	N	C	E	S	W	X	G	K
W	Q	G	Y	X	V	T	N	F	D	K	Y	V	R	Z	V	R

BIKING
CLUBBING
CONFERENCES
CONNECTING
EXPLORE BY BIKE
EXPLORING

FREE FESTIVAL
FUN PARK
JOGGING
MINI GOLF
NETWORKING
OUTDOOR YOGA

PHOTO TOUR
ROOF ESCAPE
SKATEBOARDING
STOOP SALE
VOLUNTEER
WALKING TOUR

Puzzle No. 37: Movie Night

C	O	M	F	Y	P	Y	J	A	M	A	S	C	F	T	Y	C
A	T	M	O	S	P	H	E	R	E	W	H	R	E	L	I	S
F	R	Y	A	W	M	U	Z	B	D	E	I	L	I	N	G	N
S	M	A	E	E	H	G	I	G	E	E	B	M	E	R	O	A
G	U	I	J	I	G	N	N	S	N	O	A	M	S	J	M	C
C	U	N	V	Y	Z	V	E	D	G	F	A	A	Y	A	V	K
S	W	W	D	F	D	P	S	D	Y	L	I	R	G	G	S	S
O	O	Z	P	R	L	N	S	W	I	N	R	O	C	P	O	P
F	R	G	J	A	I	E	A	G	M	A	E	R	C	E	C	I
T	H	I	T	B	I	E	H	C	R	G	J	X	J	T	M	Z
P	T	E	E	V	P	T	S	P	J	K	E	H	Y	X	F	U
I	R	X	O	R	B	C	O	Z	Y	B	L	A	N	K	E	T
L	U	M	B	O	S	K	N	I	R	D	Z	N	M	U	Q	F
L	F	T	X	I	D	Q	Y	T	G	K	U	B	C	S	E	X
O	F	A	I	R	Y	L	I	G	H	T	S	T	N	A	X	L
W	P	M	W	U	D	K	O	N	Q	A	O	B	S	Z	J	Y
N	K	T	T	E	N	Q	C	O	D	P	B	K	U	I	R	J

ATMOSPHERE
CANDY JAR
CHEESE PLATE
CINEMA LIGHTBOX
COMFY PYJAMAS
COZY BLANKET

DRINKS
FAIRY LIGHTS
FAMILY
FRIENDS
FUR-THROW
GOBLET

ICE CREAM
MOVIES
POPCORN
SNACKS
SOFT PILLOW
SUNDRIES

Puzzle No. 38: Jewelry

D	N	Q	D	B	F	L	F	C	U	F	F	L	I	N	K	S
N	B	K	B	A	S	M	L	Q	G	W	B	S	M	F	M	B
D	M	Z	U	O	G	U	C	V	C	N	G	M	P	R	E	R
M	E	D	A	L	L	I	O	N	N	N	I	S	L	O	D	A
P	E	N	D	A	N	T	A	I	I	B	N	R	I	E	A	C
Y	N	K	N	R	T	R	A	R	N	O	I	Z	E	G	I	E
H	J	W	S	R	M	H	R	E	G	L	P	I	B	O	D	L
U	S	W	R	L	C	A	C	T	K	O	R	U	T	Z	T	E
R	N	I	E	Y	E	K	E	R	L	T	I	Z	R	X	T	T
L	N	T	L	O	L	K	W	K	B	I	A	H	C	Q	Q	X
G	O	L	O	A	C	N	N	B	G	E	H	T	B	O	K	H
V	E	L	C	O	E	T	M	R	T	E	X	E	Q	R	C	R
B	B	E	L	K	D	D	F	I	W	H	E	L	V	D	O	Q
Y	H	N	O	E	C	F	A	P	Y	T	I	U	E	X	K	W
T	E	L	K	N	A	R	W	C	O	I	V	M	B	N	G	V
W	S	Z	V	S	A	I	H	R	T	O	Y	A	W	W	V	N
N	D	U	T	P	R	Z	C	Z	U	W	J	B	Y	K	Z	U

AMULET
ANKLET
ARMLET
BELLY CHAIN
BOLO TIE
BRACELET

CUFFLINKS
DIADEM
EARRINGS
HAIRPIN
LOCKET
MEDALLION

NECKLACE
PENDANT
RING
TIARA
TOE RING
TORC

Puzzle No. 39: Elegant Suit

S	N	O	T	T	U	B	W	F	N	P	L	D	E	R	S	W
M	R	A	B	E	I	T	N	Y	Z	Y	G	O	R	M	K	A
S	E	V	R	A	C	S	L	A	N	O	S	A	E	S	N	I
E	H	J	C	E	Y	V	B	B	H	X	T	O	U	B	I	S
A	H	U	Q	Y	M	Q	F	E	R	C	Z	D	Q	O	L	T
F	H	R	G	X	P	Z	X	J	L	E	T	H	U	W	F	C
S	U	S	P	E	N	D	E	R	S	T	E	A	Y	T	F	O
G	V	Y	M	Y	G	G	A	I	I	O	B	C	W	I	U	A
P	O	C	K	E	T	S	Q	U	A	R	E	U	H	E	C	T
T	I	E	P	I	N	R	S	N	O	I	X	K	C	E	L	F
Z	L	B	O	P	R	F	U	H	A	G	O	K	P	K	S	Y
T	L	E	B	D	E	T	F	A	R	C	D	N	A	H	L	M
T	E	K	C	A	J	B	R	A	C	E	S	T	I	N	U	E
S	K	C	O	S	L	U	F	R	U	O	L	O	C	G	Y	W
J	S	Z	J	A	K	I	O	Z	C	T	G	S	B	T	T	V
X	R	E	S	U	O	R	T	V	S	M	U	X	Q	U	X	R
E	R	C	X	J	U	X	F	G	N	I	P	L	E	P	A	L

BELT BUCKLE
BOW TIE
BRACES
BREECHES
BUTTONS
COLOURFUL SOCKS

CUFFLINKS
HANDCRAFTED BELT
JACKET
LAPEL PIN
POCKET SQUARE
SEASONAL SCARVES

SUSPENDERS
TIE BAR
TIE PIN
TROUSER
WAISTCOAT
WATCH

Puzzle No. 40: Homemade Drinks

W	S	H	W	K	Y	Y	A	A	E	E	M	E	C	G	S	S
S	Y	T	S	Z	H	J	D	F	L	P	C	P	I	L	U	H
R	F	W	R	S	Y	O	Q	A	C	I	N	N	G	E	M	E
E	R	R	U	A	S	L	R	H	U	V	G	B	R	M	M	R
Z	S	L	S	T	W	E	G	J	J	E	O	P	A	O	E	B
T	S	L	N	A	G	B	E	L	R	O	I	F	P	N	R	E
I	U	I	U	N	D	G	E	S	K	C	T	L	E	S	L	R
R	M	H	I	S	N	O	P	R	N	Q	E	W	S	O	I	T
P	I	G	O	A	H	A	S	I	R	M	T	P	O	D	M	P
S	L	N	R	T	R	P	C	T	O	Y	R	O	D	A	E	U
E	T	O	Q	K	C	P	U	N	S	R	S	X	A	Z	A	N
P	H	X	L	W	U	O	A	N	C	O	Y	H	A	M	D	C
A	T	E	C	N	P	D	C	S	C	I	R	R	A	B	E	H
R	R	D	C	S	E	O	S	O	T	H	R	F	O	K	A	T
G	B	H	R	J	A	U	G	Q	A	M	M	S	N	C	E	D
A	E	T	D	E	C	I	P	P	E	A	R	P	U	N	C	H
R	P	Z	L	K	X	S	J	L	R	B	Q	A	Z	I	P	F

FROST SODAS
GINGER ALE
GINGER SPARKLER
GRAPE SODA
GRAPE SPRITZER
HOT COCOA

ICED TEA
LEMONADE
LEMON SODA
MINT SODA
ORANGE JUICE
PEAR PUNCH

PICNIC PUNCH
SHERBERT PUNCH
SLUSH PUNCH
SLUSHY
STRAWBERRY SHAKE
SUMMER LIMEADE

Puzzle No. 41: House Pets

G	G	Y	F	U	F	X	A	L	D	X	F	M	M	X	T	G
G	I	E	S	I	O	T	R	O	T	G	N	A	H	E	O	M
H	I	P	H	E	R	M	I	T	C	R	A	B	R	L	G	I
J	E	P	A	R	A	B	B	I	T	L	Q	R	D	V	A	C
I	O	D	P	E	K	M	P	A	K	M	E	F	W	G	B	E
T	A	P	G	U	N	C	F	Y	Z	F	I	N	E	I	I	D
V	S	R	P	E	C	I	H	H	E	S	A	R	O	U	R	Q
D	D	M	G	Q	H	A	U	I	H	A	B	B	I	K	D	X
B	N	M	Z	O	F	O	E	G	N	I	C	W	A	T	S	D
S	I	M	X	D	D	C	G	T	L	C	D	S	B	E	R	K
H	A	M	S	T	E	R	N	M	S	E	H	Y	X	A	Q	I
V	C	N	P	N	U	P	L	I	G	Q	H	I	Z	R	T	E
V	C	P	O	B	K	T	C	U	T	T	W	I	L	P	X	I
L	H	P	E	I	R	W	T	M	A	U	L	A	X	L	U	X
V	C	L	E	N	W	Z	P	A	P	Z	X	I	A	U	A	E
I	T	W	J	V	J	U	S	S	R	A	T	A	C	H	B	L
S	S	K	U	S	Q	B	P	F	U	B	Q	I	B	Q	A	H

BIRDS
CAT
CHINCHILLA
DEGU
DOG
FERRET

GERBIL
GOLDFISH
GUINEA PIG
HAMSTER
HEDGEHOG
HERMIT CRAB

LIZARD
MICE
RABBIT
RAT
TEACUP PIG
TORTOISE

Puzzle No. 42: Animals

W	B	J	E	C	E	L	D	Y	P	W	N	G	W	Q	Y	F
A	H	B	D	S	G	A	B	S	I	C	I	A	I	S	G	U
E	D	I	O	L	L	I	D	A	M	R	A	L	C	O	X	L
L	F	N	T	S	A	D	H	D	C	E	T	P	D	U	K	G
U	T	F	A	E	I	F	R	G	B	Q	Q	T	N	D	O	L
Z	W	G	B	P	T	W	O	L	V	E	R	I	N	E	O	T
N	E	E	L	S	D	I	A	N	Q	J	B	W	U	X	A	G
T	A	Y	K	W	B	E	G	M	O	N	G	O	O	S	E	X
R	N	U	O	D	E	A	R	E	Q	V	W	C	R	E	E	D
X	N	L	V	Z	Y	L	T	S	R	A	O	I	A	S	Y	E
K	F	Y	K	K	G	M	G	W	E	U	L	Q	H	U	U	E
E	P	O	L	E	T	N	A	A	G	Y	F	A	O	B	A	I
M	Q	H	M	C	T	M	M	A	E	P	L	Z	O	Y	A	L
G	V	N	Z	X	I	B	R	L	P	J	T	E	B	K	X	J
F	O	W	H	I	Y	W	A	F	J	U	Y	N	M	H	L	T
B	C	D	O	I	Q	Q	C	U	F	H	M	Z	V	U	H	Z
Z	Q	Q	Z	I	Q	P	M	A	O	F	M	O	G	M	R	C

ANTELOPE
ARMADILLO
BAT
BEAR
COUGAR
DEER

EAGLE
KOALA
LEMUR
LYNX
MONGOOSE
RED PANDA

SKUNK
TOUCAN
WHITE TIGER
WILD DOG
WOLF
WOLVERINE

Puzzle No. 43: Cars

E	R	V	O	S	F	A	R	G	X	Z	A	F	T	G	Z	E
F	F	S	P	U	B	D	G	A	K	U	O	C	A	A	R	R
N	D	E	D	B	H	R	Q	R	C	C	P	S	K	A	H	U
V	E	E	U	W	G	E	N	Z	U	E	O	V	C	S	H	T
D	K	L	K	R	H	N	R	S	G	L	L	I	Z	N	I	N
N	L	N	F	I	S	A	X	E	I	U	N	C	Q	Z	W	E
B	R	N	P	A	T	L	O	N	W	I	W	T	S	H	D	V
A	F	I	O	H	H	I	E	O	M	O	R	H	C	U	Y	D
L	E	U	F	I	Q	N	B	Q	R	I	P	B	E	Z	M	A
S	Q	K	E	J	T	E	Z	Z	P	O	Z	E	W	E	U	U
E	Z	C	W	R	N	I	D	E	U	P	T	R	S	V	L	K
Y	A	H	M	J	P	C	T	R	B	X	P	O	O	R	O	Z
R	W	L	A	P	H	T	P	E	I	I	V	C	M	Z	O	G
R	E	G	N	E	S	S	A	P	P	V	E	Y	Z	X	M	H
A	U	T	O	M	O	B	I	L	E	M	E	L	N	S	J	I
O	B	R	U	T	P	L	D	D	Z	G	O	R	K	R	M	M
T	T	D	F	V	A	E	T	N	H	M	L	C	O	Z	H	U

ADRENALINE
ADVENTURE
AUTOMOBILE
COMPETITION
DRIVER
FOCUS

FUEL
GASOLINE
HORSEPOWER
MINICAR
MOTOR
MUSCLE CAR

PASSENGER
RACE
SPEED
TRIP
TURBO
WHEEL

Puzzle No. 44: College Life

C	S	F	C	F	R	E	E	D	O	M	M	S	N	H	V	E
P	O	U	H	H	S	D	B	M	N	U	S	E	C	D	F	C
J	I	L	R	T	E	T	F	S	Y	A	S	B	E	O	O	N
Z	Z	H	L	P	J	E	S	Y	L	H	C	L	V	O	O	E
A	Y	U	S	E	R	M	R	C	X	P	E	M	Q	H	Q	D
G	W	G	D	N	G	I	W	L	Z	Q	Y	S	Y	R	Y	N
F	N	V	P	J	O	E	S	E	E	M	L	M	T	E	J	E
O	R	I	A	V	W	I	T	E	G	A	V	U	R	T	L	P
J	S	A	N	B	H	S	T	R	T	D	D	I	A	S	O	E
W	A	D	T	R	R	A	W	A	A	E	E	E	P	I	L	D
D	Q	R	G	E	A	O	A	H	L	D	S	L	R	S	C	N
D	I	Q	H	G	R	E	A	F	S	E	I	T	W	B	Z	I
Y	A	D	B	Y	M	N	L	D	S	U	R	T	A	O	Z	G
S	D	N	E	I	R	F	I	J	V	M	W	R	I	A	N	O
S	E	I	R	O	M	E	M	T	A	A	O	R	V	O	T	K
R	O	S	S	E	F	O	R	P	Y	X	V	K	Z	M	N	O
Y	L	S	N	O	I	S	S	A	P	E	B	Z	J	O	Z	S

ABROAD
CHEERLEADER
CLASS
COLLEGE TRADITIONS
EXAM
FRATERNITY

FREEDOM
FRIENDS
INDEPENDENCE
KNOWLEDGE
LEARNING
MEMORIES

PARTY
PASSIONS
PROFESSOR
RELATIONSHIP
SISTERHOOD
SURPRISE TEST

Puzzle No. 45: Best Dishes

K	Y	M	S	F	B	Q	E	A	R	S	S	C	Q	K	D	Z
U	D	U	B	Y	R	I	Z	N	F	U	T	H	X	E	F	T
C	P	I	B	F	P	I	D	U	Q	M	I	I	C	C	M	E
M	R	W	R	H	N	H	T	P	K	M	R	C	P	L	F	Q
X	P	U	S	N	K	U	Y	T	X	U	F	K	E	Y	F	Z
R	P	I	M	A	P	V	C	I	A	H	R	E	N	F	W	S
E	F	D	J	B	W	V	S	U	H	T	Y	N	L	D	T	F
R	T	U	E	J	L	I	S	X	R	R	A	S	H	Q	D	J
G	Q	T	O	D	V	E	K	A	K	R	L	A	U	H	P	O
C	F	D	E	L	A	S	A	G	N	E	Y	L	G	Y	T	P
P	U	O	S	L	Q	E	L	D	O	O	N	A	V	T	C	R
X	Z	E	E	R	E	D	K	O	P	H	N	D	O	Y	L	P
V	R	E	T	C	R	M	S	A	P	A	T	S	G	P	I	P
P	I	Z	R	A	H	T	O	S	B	W	I	W	A	Z	P	Y
X	J	V	Y	K	K	Z	U	G	U	R	I	S	Z	J	A	R
B	A	K	E	D	P	O	T	A	T	O	T	A	H	X	R	X
B	U	R	G	E	R	V	X	W	S	A	J	K	J	O	W	C

BAKED POTATO
BURGER
CHICKEN SALAD
CRUMBLE
CURRY
FISH-PIE

FRITTATA
HUMMUS
LASAGNE
NOODLE
OMELETTE
PASTA

PIZZA
RISOTTO
SOUP
STIR FRY
TAPAS
WRAP

Puzzle No. 46: Healthiest Foods

H	S	R	T	H	I	S	E	P	F	G	C	I	B	B	P	L
C	Z	T	S	S	T	L	M	C	R	R	O	Q	R	F	U	E
K	M	I	S	U	A	I	O	E	A	C	Z	U	H	H	M	A
N	F	G	N	A	R	E	E	C	G	C	S	W	Y	E	P	N
Z	A	A	R	H	E	K	R	T	C	S	M	I	L	K	K	B
Y	E	Y	S	K	Y	R	B	B	E	O	S	C	Z	L	I	E
P	O	R	W	O	F	E	B	L	Y	H	R	I	M	X	N	E
U	R	X	G	E	O	G	S	N	H	E	T	B	V	U	S	F
F	B	U	F	X	A	S	Y	M	E	G	K	M	V	M	E	A
J	R	S	M	O	P	S	G	G	E	K	O	R	K	B	E	L
T	I	Q	N	R	T	U	N	A	O	R	C	J	U	C	D	M
U	P	I	O	S	L	I	T	N	E	L	B	I	W	T	S	O
H	U	U	Z	N	V	K	P	A	O	S	O	S	H	Z	O	N
Q	T	H	M	L	U	H	N	C	O	Y	D	B	P	C	A	D
S	C	O	T	T	A	G	E	C	H	E	E	S	E	H	T	S
R	U	U	X	L	V	R	F	A	E	X	I	R	J	U	S	G
H	Q	I	E	D	K	F	Z	J	W	J	D	M	G	K	S	Y

ALMONDS
BROCCOLI
BRUSSELS SPROUTS
CHICKEN BREASTS
COTTAGE CHEESE
EGGS

FISH
GREEK YOGURT
LEAN BEEF
LENTILS
MILK
OATS

PEANUTS
PUMPKIN SEEDS
QUINOA
SHRIMP
TUNA
TURKEY BREAST

Puzzle No. 47: Millionaires Lifestyle

E	J	L	N	S	C	O	Z	T	O	S	A	W	K	F	O	N
R	R	E	O	S	L	X	T	E	J	E	S	L	D	G	X	O
M	H	T	I	E	M	J	Z	J	M	L	Z	U	L	S	O	I
Y	G	O	T	N	H	Y	V	E	T	F	N	G	C	I	A	T
Y	W	H	A	D	V	Y	Q	T	R	D	A	S	O	O	V	A
O	O	Y	V	N	N	E	Y	A	X	E	E	V	R	Z	F	C
L	Z	R	O	I	D	E	L	V	U	V	O	L	J	P	C	I
L	R	U	N	K	F	G	J	I	V	E	C	R	T	B	J	D
A	H	X	N	M	L	A	C	R	L	L	V	X	I	S	N	E
Z	L	U	I	Q	U	V	S	P	M	O	H	Q	M	R	U	D
P	H	L	F	R	E	E	D	O	M	P	A	Y	G	R	U	H
K	C	A	B	G	N	I	V	I	G	M	Q	Z	L	V	M	I
E	G	D	E	L	W	O	N	K	W	E	S	R	A	F	X	P
R	A	C	R	E	P	U	S	B	K	N	R	R	M	F	C	H
N	O	I	S	S	A	P	W	Q	Y	T	T	V	O	V	M	D
S	E	I	T	I	N	U	T	R	O	P	P	O	U	A	Q	D
N	O	I	T	A	N	I	M	R	E	T	E	D	R	Z	F	A

CALM	GLAMOUR	OPPORTUNITIES
DEDICATION	HUSTLE	PASSION
DETERMINATION	INNOVATION	PRIVATE JET
FOCUS	KINDNESS	SELF DEVELOPMENT
FREEDOM	KNOWLEDGE	SUPERCAR
GIVING BACK	LUXURY HOTEL	VILLA

Puzzle No. 48: Insects

E	U	Z	R	P	T	T	H	G	C	G	N	B	R	N	P	Y
D	E	C	D	A	T	N	Q	N	Y	J	K	U	E	R	F	R
F	F	B	L	G	L	V	F	F	K	B	N	T	P	G	P	Z
R	O	O	E	A	P	L	L	R	I	G	W	T	P	D	U	L
T	N	W	V	L	D	T	I	B	Q	O	S	E	O	V	F	K
T	G	M	G	T	B	Y	S	P	A	F	D	R	H	U	V	E
P	T	F	K	Z	U	M	B	U	R	T	B	F	E	H	I	H
T	R	E	E	B	U	G	U	U	C	E	N	L	E	O	Z	C
C	M	O	M	I	M	T	R	B	G	O	T	Y	R	T	X	R
U	F	O	B	A	A	Y	S	T	T	U	L	A	T	I	F	I
G	T	E	N	T	E	R	M	I	T	E	D	U	C	U	I	C
H	E	T	Y	N	S	W	N	U	V	Z	X	L	P	Q	R	K
X	I	X	L	P	D	N	U	A	Z	Y	O	J	H	S	E	E
S	I	L	F	P	D	F	N	W	J	X	X	E	T	O	F	T
D	J	Q	Z	X	U	T	D	M	V	D	A	F	U	M	L	F
E	L	T	E	E	B	H	F	K	T	Z	N	K	Y	U	Y	E
P	E	X	O	Q	Y	G	X	M	R	E	D	I	P	S	Y	W

ANT
BEE
BEETLE
BUMBLEBEE
BUTTERFLY
CATERPILLAR

CRICKET
FIREFLY
FLY
LADYBUG
LOCUST
MANTIS

MOSQUITO
MOTH
SPIDER
TERMITE
TREE BUG
TREEHOPPER

Puzzle No. 49: Vegetables

E	S	I	E	I	I	X	K	Y	G	O	S	C	O	R	C	N
F	G	L	B	L	N	R	O	R	V	C	L	A	T	U	X	Y
W	A	A	K	A	E	I	E	O	A	X	L	R	A	L	L	E
K	Z	E	B	G	R	E	H	L	P	C	L	R	T	M	S	W
E	E	C	N	B	N	L	L	C	T	P	Y	O	O	G	Z	K
U	F	I	Z	P	A	I	H	M	C	S	V	T	P	A	P	O
P	G	O	E	Z	O	C	S	O	P	U	C	S	T	R	A	N
K	J	A	H	N	J	E	D	I	K	C	Z	Y	E	L	S	I
N	S	C	S	D	O	O	N	E	Z	O	Y	C	E	I	P	O
K	E	J	B	T	W	A	B	D	R	K	M	T	W	C	A	N
F	P	U	A	C	C	O	O	C	Z	R	Z	I	S	A	R	S
R	S	M	Y	H	B	B	G	R	A	A	D	M	U	O	A	D
W	O	C	O	L	L	A	R	D	G	R	E	E	N	P	G	H
T	N	R	E	P	P	E	P	L	L	E	B	E	T	A	U	I
E	P	Z	Y	W	D	R	A	H	C	S	S	I	W	S	S	E
V	Y	O	B	I	F	U	S	T	H	W	W	F	C	B	O	K
U	Z	W	R	Z	B	H	Y	X	J	H	K	I	U	A	E	H

ASPARAGUS
BELL PEPPER
CARROTS
COLLARD GREEN
GARLIC
GINGER

GREEN PEAS
KALE
KOHLRABI
OKRA
ONIONS
RED CABBAGE

SCALLIONS
SPINACH
SWEET POTATO
SWISS CHARD
TOMATOES
ZUCCHINI

Puzzle No. 50: Hiking

T	K	C	A	P	K	C	A	B	L	V	C	Z	R	F	V	S
N	T	F	I	L	O	Z	T	F	T	R	A	M	P	Q	N	R
E	T	K	Q	B	U	H	C	H	L	E	W	L	U	I	T	I
M	K	R	W	F	I	R	S	K	D	G	T	E	A	I	S	S
E	Y	L	U	G	V	K	S	I	E	T	P	T	S	B	O	E
R	V	D	H	D	U	X	S	B	H	Z	N	K	G	U	O	S
C	N	E	E	X	G	Y	B	F	R	U	E	M	Z	O	B	Q
N	R	A	J	R	R	E	V	I	O	K	D	S	C	I	C	E
I	F	E	B	T	S	P	N	M	L	L	X	G	I	L	C	S
A	N	W	N	E	F	C	M	R	K	A	Q	B	I	R	U	A
J	E	U	G	Y	R	X	U	A	A	W	D	M	Y	Z	V	E
W	O	Q	N	E	L	O	E	H	L	I	B	H	T	P	K	R
C	C	F	A	R	B	R	N	O	E	J	S	C	M	Y	M	C
Z	I	S	A	E	S	W	L	W	V	R	Z	E	D	A	A	N
Y	E	T	O	T	V	R	H	J	A	V	H	R	P	L	X	I
S	E	T	B	I	W	I	B	Z	R	X	K	S	V	D	M	B
H	Q	S	Q	H	V	S	E	B	T	N	C	V	V	B	Y	F

BACKPACK
BOOST
CLIMB
COUNTRYSIDE
HIGHER
INCREASE

INCREASES
INCREMENT
LIFT
MOUNTAINS
RAISE
RATE

RISE
RISES
TRAMP
TRAVEL
TRUDGE
WALK

Puzzle No. 51: Best Friends

B	B	P	C	N	Z	D	D	Z	S	H	H	O	Y	P	K	A
S	K	L	C	I	X	C	T	E	P	E	F	E	I	Y	W	F
J	T	I	B	Q	C	W	I	F	F	N	N	H	R	E	Y	U
K	R	C	N	T	K	T	R	N	J	A	S	I	S	O	N	N
R	R	A	V	F	I	A	G	C	Q	N	Z	O	U	J	X	F
O	B	U	V	V	T	C	S	F	O	O	M	J	V	N	H	E
C	Z	Z	I	E	G	P	R	I	Z	E	B	Q	S	S	E	V
Y	I	T	R	E	I	N	N	O	N	M	M	P	S	K	Q	G
N	C	N	F	S	Q	A	E	C	N	E	D	I	F	N	O	C
A	A	E	S	A	P	U	T	E	R	U	T	N	E	V	S	Y
L	P	O	U	M	M	I	A	J	R	T	T	T	I	E	R	J
G	G	I	O	R	M	I	Q	L	Y	N	R	S	T	C	A	C
T	S	C	C	E	T	O	L	P	I	U	T	A	E	N	X	C
F	R	B	L	C	Y	H	V	Y	S	T	M	P	S	D	E	E
W	Y	E	A	B	D	Q	R	T	T	G	Y	L	O	A	N	M
O	S	Y	O	O	C	C	B	J	X	D	R	A	L	K	Q	Y
S	M	O	L	Z	P	B	W	E	Q	B	L	Y	C	Z	A	Z

ACTIVITIES
AWESOME
CLOSE
COMPANIONSHIP
CONFIDENCE
EQUALITY

FAMILY
FRATERNAL
FUN
GENUINE
GOSSIP
HERO

MATES
PLAY
TIMELESS
TRUE
TRUST
VENTURE

Puzzle No. 52: Sunrise

D	D	O	W	Z	R	T	E	N	D	U	J	T	V	Y	S	A
W	V	H	Y	D	Z	F	H	H	D	N	F	C	D	P	I	R
G	R	A	N	D	E	U	R	G	G	T	I	F	I	P	C	L
S	M	B	Q	H	O	U	V	N	I	L	T	M	F	A	U	F
U	A	Z	T	S	Q	B	I	F	N	L	T	I	A	H	V	U
R	N	O	M	Z	X	L	S	S	O	U	N	H	H	T	E	I
E	B	I	F	S	A	N	E	V	A	E	H	U	W	Z	I	E
E	C	A	Q	E	R	G	N	I	N	R	O	M	S	L	R	V
M	D	A	H	U	J	U	B	E	A	U	T	Y	U	U	U	W
D	R	U	E	Q	E	O	O	B	C	N	E	F	T	I	P	B
P	H	A	T	P	Q	U	Y	L	H	V	E	A	C	H	D	M
T	K	O	W	I	E	N	F	M	O	P	N	B	S	A	Q	H
N	E	A	C	R	T	P	D	A	O	C	T	W	G	W	L	S
P	M	E	H	T	V	A	O	H	A	G	Q	V	I	U	S	M
R	R	K	H	E	Z	I	R	H	J	P	T	C	F	X	L	I
R	E	D	Z	X	I	J	J	G	N	C	I	B	W	D	G	M
K	P	Z	B	N	V	Y	R	P	E	G	Z	H	J	B	N	Y

BEAUTY
CALM
COLOURS
GRANDEUR
GRATITUDE
HAPPY

HEALING
HEAVEN
HOPE
HOPEFUL
JOY
MORNING

NATURE
PEACE
SUNLIGHT
UNIQUE
VITAMIN D
WARM

Puzzle No. 53: Best Fruits

B	Z	Z	K	S	O	G	Q	O	P	V	S	B	S	B	T	O
U	L	P	S	L	N	N	U	Y	R	E	H	A	E	W	I	F
K	V	A	I	E	K	O	O	A	I	I	W	N	I	D	U	P
S	N	V	C	W	L	D	M	R	V	I	V	A	R	I	R	O
B	E	A	R	K	A	P	R	E	C	A	B	N	R	T	F	M
S	J	X	I	C	B	E	P	E	L	Y	F	A	E	M	E	E
J	Y	Z	O	R	B	E	B	A	F	U	M	S	B	U	P	G
S	R	V	V	W	U	V	R	O	G	N	A	M	E	L	A	R
Y	A	Y	A	C	H	D	A	R	H	P	G	U	U	Z	R	A
R	T	R	G	Y	B	W	F	N	I	L	A	L	L	C	G	N
Y	T	O	R	A	N	G	E	S	V	E	B	I	B	K	J	A
S	W	A	T	E	R	M	E	L	O	N	S	Y	F	H	M	T
T	S	G	J	W	C	R	A	N	B	E	R	R	I	E	S	E
P	I	N	E	A	P	P	L	E	L	Z	N	T	W	V	Y	O
G	J	M	Z	M	P	I	E	R	R	E	J	F	C	E	D	B
S	E	P	A	R	G	N	I	K	D	P	G	O	J	K	X	P
H	N	X	X	U	E	T	Y	E	V	P	J	H	R	B	K	F

APPLES
AVOCADO
BANANAS
BLACKBERRIES
BLUEBERRIES
CRANBERRIES

DURIAN
GRAPEFRUIT
GRAPES
GUAVA
LEMONS
MANGO

OLIVES
ORANGES
PINEAPPLE
POMEGRANATE
STRAWBERRIES
WATERMELON

Puzzle No. 54: Room Decorating

S	D	F	K	C	S	E	U	Z	V	Y	E	A	F	A	Y	H
U	A	L	P	P	W	K	G	Q	D	C	N	S	N	X	L	Z
P	Y	O	K	M	R	A	G	A	L	N	U	E	O	B	L	V
E	B	A	E	X	S	N	L	E	R	O	K	E	Z	P	A	I
R	E	T	Y	C	J	I	C	L	U	O	V	T	R	A	C	C
B	D	I	V	L	A	T	L	T	P	O	T	O	A	O	I	U
Y	D	N	I	O	I	N	P	A	C	A	P	S	Q	M	T	R
C	R	G	R	C	S	M	O	L	M	O	P	W	E	A	R	T
K	H	S	T	Q	U	E	A	P	R	I	F	E	U	S	E	A
T	V	H	E	S	L	M	Q	T	Y	H	N	O	R	W	V	I
N	Y	E	V	K	Y	U	I	E	Z	Q	U	I	M	L	I	N
O	S	L	O	S	R	O	R	R	I	M	E	Z	M	A	D	S
V	Y	V	O	R	N	W	A	L	L	N	I	C	H	E	I	N
W	V	E	V	A	G	E	P	V	T	N	H	N	K	K	F	M
S	I	S	L	S	D	N	A	T	S	T	H	G	I	N	E	L
I	B	O	B	R	I	G	H	T	R	U	T	N	A	I	M	J
W	A	Z	H	V	Y	U	K	C	W	K	U	M	B	U	D	M

ALCOVE
ART
BRIGHT
CANOPY
CURTAINS
DAYBED

ECLECTIC
FLOATING-SHELVES
LIGHT
MINIMALISM
MIRRORS
NIGHTSTANDS

PROPORTIONAL
STORAGE
SUMPTUOUS
VERTICALLY
WALL NICHE
WALLPAPER

Puzzle No. 55: Lake House

W	Z	G	Z	N	X	C	B	K	Q	C	E	D	R	E	A	H
O	P	K	L	O	W	E	X	S	H	G	R	E	M	N	Y	A
L	R	Y	Z	I	T	G	H	L	U	A	T	U	T	Q	N	V
F	I	H	U	H	Z	K	R	L	T	A	V	I	I	C	T	A
R	L	K	C	S	V	B	N	U	W	B	Q	H	H	S	X	P
H	M	Y	S	U	J	F	D	G	D	U	J	O	V	S	E	T
B	I	R	B	C	W	D	W	A	E	C	R	H	E	V	W	R
J	B	B	Z	T	R	X	L	E	O	H	H	L	S	I	A	S
K	T	F	L	A	E	Y	N	S	D	I	D	H	A	N	V	K
T	W	M	O	E	L	Q	G	Z	B	D	H	J	I	T	E	E
H	M	O	Q	S	B	A	Q	N	A	G	A	D	L	A	S	W
S	U	N	S	H	I	N	E	P	I	B	G	G	I	G	C	M
K	D	N	N	T	S	K	E	U	D	M	U	Q	N	E	J	T
H	N	M	V	E	H	O	S	U	U	D	M	T	G	T	M	F
Y	G	O	P	N	N	G	C	T	V	N	C	I	T	A	B	W
D	A	O	T	A	C	K	I	B	B	X	P	Y	W	O	E	J
C	R	G	C	S	S	F	W	L	J	P	X	L	K	S	H	Z

ANCHOR
ANTIQUE
CANOE PADDLES
CRUISER
DUCKS
FLOW

HOT TUB
KNOTS
LIGHT
ROPES
SAILING
SEAGULLS

SEAT CUSHION
SUNSHINE
SWIMMING
VINTAGE
WATER
WAVES

Puzzle No. 56: Art

P I Z Q E S I T R E P X E K A T P
T I S K N O W L E D G E D W Y R R
H B H S F A C I L I T Y Y N G A O
E T I S E U T B H W K P J Z R D F
G E N Y N N D E X T E R I T Y E E
M M V K T A T Y R T S I T R A D S
X J E N N I M I X R W W M H L F S
H J N W O A U S O B S S N O D U I
I G T E T I C N T R M T V I L D O
E B I B B F T K E F D W D O V W N
Z Y V F G L X A L G A A Q F V F W
R B E P C Q T K N R N R M U T O F
E W N D N G C L X I K I C V H C X
S R E Y R E T S A M G O J W P R P
F K S A P T I T U D E A O R U A M
H K S M E T H O D S O N M Q Y F R
D Q U B R K N V R T K Y L I L T X

ADROITNESS
APTITUDE
ARTISTRY
CRAFT
CRAFTSMANSHIP
DEXTERITY

EXPERTISE
FACILITY
IMAGINATION
INGENUITY
INVENTIVENESS
KNACK

KNOW-HOW
KNOWLEDGE
MASTERY
METHOD
PROFESSION
TRADE

Puzzle No. 57: Best Smoothies

E	E	F	C	R	A	C	H	C	H	B	O	R	Y	P	A	U
L	L	W	R	E	N	Y	V	Z	C	L	A	E	R	U	P	K
P	P	G	A	G	A	L	T	S	A	U	T	G	R	M	R	S
P	P	W	N	N	N	H	A	M	N	E	M	N	E	P	I	Z
A	A	Y	B	I	A	A	T	J	I	B	E	I	B	K	C	G
L	E	X	E	G	B	S	Z	J	P	E	A	G	P	I	O	F
E	N	F	R	A	A	K	K	E	S	R	L	N	S	N	T	E
M	I	I	R	N	Y	P	E	X	R	R	C	E	A	C	M	A
A	P	O	Y	A	A	E	Z	Q	A	Y	O	E	R	O	A	X
R	K	R	C	N	P	D	L	U	E	T	O	R	Y	C	N	L
A	H	A	I	A	A	J	H	P	P	C	K	G	J	O	G	J
C	V	N	T	B	P	B	W	W	P	O	I	N	C	N	O	L
C	J	G	R	G	E	K	A	U	J	A	E	C	Q	U	E	X
N	F	E	U	C	A	R	R	O	T	C	A	K	E	T	A	P
V	L	I	S	S	E	I	R	R	E	B	D	E	X	I	M	C
S	T	R	A	W	B	E	R	R	Y	K	I	W	I	J	G	Y
J	A	Y	A	P	A	P	L	A	C	I	P	O	R	T	I	C

APPLE
APRICOT MANGO
BANANA GINGER
BLUEBERRY
CARAMEL APPLE
CARROT CAKE

CRANBERRY CITRUS
GREEN GINGER
MIXED BERRIES
OATMEAL COOKIE
ORANGE
PAPAYA BANANA

PEAR SPINACH
PINEAPPLE
PUMPKIN COCONUT
RASPBERRY
STRAWBERRY KIWI
TROPICAL PAPAYA

Puzzle No. 58: Happiness

J	C	Q	Q	A	Z	E	F	E	C	S	T	A	S	Y	E	P
U	K	D	V	R	I	Z	C	E	P	T	G	H	V	E	S	P
B	Q	S	O	V	X	J	N	N	L	O	F	I	L	M	J	W
I	N	E	L	A	T	I	O	N	A	I	J	G	U	Q	V	K
L	O	B	R	F	Y	O	D	E	J	S	C	N	Q	W	Y	G
A	I	W	Q	Z	Q	F	Q	A	L	B	A	I	O	L	A	L
T	T	D	G	O	F	I	Q	V	H	K	P	E	T	Q	D	E
I	A	S	S	I	L	B	J	M	X	S	U	V	L	Y	G	E
O	R	C	H	E	E	R	F	U	L	N	E	S	S	P	Y	F
N	A	R	A	I	N	T	O	X	I	C	A	T	I	O	N	U
J	L	N	F	S	S	E	N	D	E	T	A	L	E	S	N	L
P	I	L	E	Z	E	X	U	L	T	A	T	I	O	N	E	N
P	H	E	C	N	A	R	E	B	U	X	E	H	G	C	V	E
Q	X	A	I	R	O	H	P	U	E	C	H	E	E	R	A	S
F	E	J	S	K	U	R	O	K	P	A	L	F	V	S	E	S
L	O	D	O	I	M	P	O	K	L	I	T	V	I	Q	H	G
Y	F	R	E	F	W	I	S	I	O	J	K	H	B	G	A	Q

BLISS
CHEER
CHEERFULNESS
ECSTASY
ELATEDNESS
ELATION

EUPHORIA
EXHILARATION
EXUBERANCE
EXULTATION
FELICITY
GLEE

GLEEFULNESS
HEAVEN
INTOXICATION
JOY
JUBILATION
PLEASANCE

Puzzle No. 59: Best Dips

E	N	J	O	B	P	E	R	K	P	P	P	N	S	U	J	C
S	S	E	P	I	D	N	A	E	B	A	I	A	U	X	A	A
W	H	E	K	B	S	K	Y	L	V	T	D	R	M	Q	L	R
E	Z	M	E	C	L	Q	O	Z	H	E	N	T	M	B	A	A
O	S	U	A	H	I	W	I	W	P	W	I	I	U	F	P	M
V	I	E	C	P	C	H	N	T	P	B	K	C	H	W	E	E
E	K	W	E	A	A	T	C	W	O	X	P	H	X	E	N	L
E	O	L	B	H	C	I	A	O	W	W	M	O	V	V	O	I
I	U	K	K	Y	C	J	S	O	L	R	U	K	T	H	C	Z
F	P	A	L	X	M	O	A	B	G	A	P	E	N	I	H	E
C	R	A	B	D	I	P	T	O	J	D	F	A	Q	H	I	D
P	I	D	T	I	U	R	F	N	H	G	E	F	G	X	C	O
C	H	E	E	S	E	D	I	P	E	L	S	B	U	X	K	N
P	I	D	P	M	I	R	H	S	H	M	W	A	R	B	E	I
C	H	E	E	S	E	B	A	L	L	S	I	K	L	E	N	O
G	U	A	C	A	M	O	L	E	T	W	B	P	H	S	H	N
A	S	P	I	N	A	C	H	N	Y	L	G	C	Y	N	A	Z

ARTICHOKE
BEAN DIP
BUFFALO CHICKEN
CARAMELIZED ONION
CHEESE BALLS
CHEESE DIP
CRAB DIP
FRUIT DIP
GUACAMOLE
HERBED GOAT CHEESE
HUMMUS
JALAPENO CHICKEN
PATE
PIMENTO CHEESE
PUMPKIN DIP
SALSA
SHRIMP DIP
SPINACH

Puzzle No. 60: Hairstyles

C	S	E	D	I	S	T	R	O	H	S	T	X	T	K	B	E
B	I	I	S	H	F	L	L	G	J	R	W	U	W	C	R	D
Y	E	S	M	L	X	R	N	P	A	X	C	D	O	A	U	A
R	V	N	S	U	R	O	D	P	U	R	B	R	L	B	S	F
P	U	A	P	A	L	U	E	G	E	J	D	O	F	D	H	H
G	O	N	W	L	L	D	C	D	B	E	Q	P	L	E	E	G
F	G	T	O	D	I	C	N	G	D	L	U	F	A	K	D	I
I	F	O	T	S	E	U	N	A	N	H	X	A	R	C	B	H
T	C	I	J	A	Y	R	F	R	I	O	O	D	U	I	A	W
Y	E	L	U	S	L	D	U	G	E	T	L	E	T	L	C	X
X	N	X	S	Q	I	F	H	T	E	D	A	T	A	S	K	T
H	M	E	T	M	Y	L	Y	B	X	X	O	X	N	U	A	R
X	M	A	Y	U	O	K	K	L	L	E	P	M	A	X	C	L
F	O	S	B	F	R	L	I	X	R	X	T	E	D	Z	L	L
V	M	J	A	O	E	E	U	P	R	U	I	D	I	B	J	K
G	D	D	W	F	J	O	D	L	S	C	C	F	V	N	H	L
Z	E	L	O	N	G	F	R	I	N	G	E	X	B	N	P	L

BRUSHED BACK
COOL LONG
CURLY FLAT TOP
DROP FADE
HIGH FADE
HIGH LO FADE

LONG CURLS
LONG FRINGE
MESSY UNDERCUT
MID FADE
MODERN CLASSIC
NATURAL FLOW

SHORT SIDES
SIDE PART
SLICKED BACK
SPIKY QUIFF
TEXTURED
TEXTURED WAVY

Puzzle No. 61: Baking

Q	B	G	X	V	Y	Y	P	B	P	C	C	R	T	E	D	C
T	O	U	T	X	R	U	A	B	O	W	O	E	X	W	A	R
L	I	Z	T	T	P	K	D	O	M	X	O	T	B	J	E	F
U	N	U	S	T	E	Y	K	X	L	O	K	T	T	T	R	B
S	X	A	C	R	E	I	W	N	O	H	I	A	G	P	B	H
O	P	I	Y	S	E	R	N	B	A	E	N	B	A	J	Q	A
X	V	B	B	V	I	O	G	J	F	N	G	Y	N	H	U	C
N	D	E	Z	R	V	B	N	L	O	Z	Z	C	R	K	J	Y
A	V	C	N	H	V	A	I	H	I	T	R	U	O	L	F	E
G	M	L	U	Q	I	L	S	L	N	K	D	K	J	S	J	V
D	L	G	F	I	B	L	I	T	T	O	O	B	I	X	W	B
S	W	X	H	B	R	I	A	Y	U	C	H	J	F	T	K	J
R	E	D	W	O	P	N	R	G	Q	M	J	G	S	X	D	V
Q	Q	P	E	X	B	A	H	Q	X	P	S	R	W	Q	B	J
T	I	K	A	T	C	V	R	M	A	H	B	A	K	E	D	D
E	A	G	H	J	D	O	A	O	Q	U	F	M	I	R	Y	G
C	P	L	Z	J	Q	I	Y	H	D	O	F	Q	U	S	O	I

BAKE
BAKERY
BATTER
BISCUIT
BREAD
BUTTER

CAKE
COOKIE
COOKING
DOUGH
FLOUR
LOAF

OVEN
PASTRY
PIE
POWDER
RAISIN
VANILLA

Puzzle No. 62: Food Fight Weapons

R	Y	G	F	J	A	S	Z	R	L	N	L	E	S	S	N	S
K	G	J	L	U	C	H	H	S	F	I	H	C	E	G	T	W
Z	J	G	X	T	Q	R	A	J	M	P	B	U	O	G	N	O
O	L	L	E	J	N	E	S	J	H	K	G	A	T	E	D	L
E	N	T	E	Y	Y	D	P	G	W	J	H	S	A	D	E	L
Y	P	J	I	N	G	D	D	V	G	C	S	E	M	E	M	A
K	O	A	S	R	T	E	P	R	G	E	O	L	O	L	A	M
R	F	G	S	Z	K	D	T	U	A	X	M	P	T	B	E	H
E	A	T	U	T	E	C	Z	M	D	T	B	P	J	M	R	S
W	R	N	V	R	A	H	P	N	U	D	S	A	W	A	C	R
T	Q	G	C	Y	T	E	S	O	R	F	I	U	K	R	D	A
V	E	G	M	H	M	E	X	Y	C	O	F	N	M	C	E	M
W	D	M	W	M	Z	S	C	Q	Q	I	C	I	G	S	P	U
Q	T	T	K	N	Z	E	S	Y	U	V	I	P	N	S	P	V
T	I	U	R	F	E	P	I	R	R	E	V	O	O	S	I	K
M	A	S	H	E	D	P	O	T	A	T	O	E	S	P	H	N
S	O	F	T	R	O	L	L	S	V	R	S	D	W	K	W	N

APPLESAUCE
EGGS
JELL-O
MARSHMALLOWS
MASHED-POTATOES
MUFFINS

MUSTARD
OVERRIPE-FRUIT
PASTA
POPCORN
PUDDINGS
RANCH

SCRAMBLED EGGS
SHREDDED CHEESE
SOFT ROLLS
TOMATOES
WHIPPED CREAM
YOGURT

Puzzle No. 63: Shopping Spree

```
G Z X J U Y E P H V J N C E R P G
N M S I R E M U S N O C R E I V N
I U M P O H S E I M P O W R N A I
Y A D Q S B O C A U T O T D L C P
U G V I N R X A G S P G N P L A P
B S V M N K C R I G N J D E K T O
E T L D R T G F N I E H T W G I H
S F G R Z J Z I P N P G A E G O S
L I P K J F S P Q Y Y C M H R N W
U G G S G A O S H O P A H O L I C
P Z W M H H I P P L C N K Q Z U C
M J O C S H I R E P U R C H A S E
I Z R G N I P P O H S W O D N I W
A U G N I P P O H S E M O H B N U
P O T A S E R U S A E R T K U P I
Q S L N Y M F H R E U X D I Y U Q
Y P A R E H T L I A T E R M A L L
```

BUY
CONSUMERISM
GIFTS
HIRE PURCHASE
HOME SHOPPING
IMPULSE BUYING
MALL
PURCHASING POWER
RACE
RETAIL THERAPY
SHOP
SHOPAHOLIC
SHOPPING
SHOPPING TRIP
STORE
TREASURES
VACATION
WINDOW SHOPPING

Puzzle No. 64: Trampoline Tricks

T	E	P	P	S	B	G	N	I	D	N	A	L	T	A	E	S
S	C	M	I	E	A	X	F	T	V	B	I	Z	K	U	P	P
I	N	U	L	A	C	H	R	U	V	A	E	H	N	A	I	I
W	U	J	F	T	K	H	O	C	V	C	K	R	E	O	K	L
T	O	E	T	D	H	S	N	K	X	K	W	G	E	I	E	F
F	B	L	N	R	A	M	T	J	H	P	R	X	D	J	J	K
L	E	D	O	O	N	D	H	U	D	U	Y	P	R	D	U	C
A	L	D	R	P	D	B	A	M	H	L	I	O	O	T	M	A
H	B	A	F	X	S	A	N	P	J	L	Y	R	P	L	P	B
O	U	R	R	T	P	C	D	Y	F	O	J	D	N	I	P	S
W	O	T	M	J	R	K	S	A	Y	V	F	T	P	M	E	Z
F	D	S	U	Y	I	D	P	T	R	E	L	N	J	S	J	X
M	B	V	N	A	N	R	R	U	Z	R	H	O	J	Z	S	H
W	C	T	F	D	G	O	I	P	T	A	T	R	X	M	A	J
N	P	D	T	I	K	P	N	K	J	J	T	F	U	Y	S	T
C	O	N	X	J	S	J	G	S	I	D	E	F	L	I	P	I
R	E	V	O	L	L	U	P	T	N	O	R	F	G	Z	F	N

BACK DROP
BACKFLIP
BACK HANDSPRING
BACK PULLOVER
DOUBLE BOUNCE
FRONT DROP

FRONT FLIP
FRONT HANDSPRING
FRONT PULLOVER
HALF TWIST
KNEE DROP
PIKE JUMP

SEAT DROP
SEAT LANDING
SIDE FLIP
SPIN
STRADDLE JUMP
TUCK JUMP

Puzzle No. 65: Blind Dates

X	J	Y	G	S	O	O	M	P	M	G	D	T	A	C	S	L
W	M	V	T	N	U	Q	H	Q	N	N	I	H	Y	A	N	B
S	Q	I	X	I	I	O	W	Q	T	K	F	O	T	J	F	M
I	K	D	X	H	N	T	V	E	N	C	F	U	J	M	M	O
U	R	I	N	Z	J	U	I	R	N	W	E	G	Q	B	L	C
S	U	N	C	N	I	I	T	C	E	Y	R	H	O	Z	P	G
K	M	N	H	L	E	N	T	R	X	N	E	T	K	E	L	B
O	S	E	A	E	D	T	H	R	O	E	N	F	T	F	Y	I
K	B	R	R	F	E	E	R	S	A	P	T	U	C	G	U	L
V	D	F	I	M	T	R	P	I	U	E	P	L	J	M	O	N
N	G	T	S	Q	N	E	H	T	S	R	H	O	N	V	J	E
B	E	X	M	Q	M	S	B	K	V	K	C	T	E	A	J	A
O	V	G	A	Q	O	T	A	X	S	J	Y	R	E	R	X	D
X	O	K	T	F	O	I	P	A	R	T	N	E	R	E	L	M
N	L	U	I	T	R	N	V	I	U	Q	S	M	G	O	W	W
Q	I	A	C	P	M	G	E	I	V	O	M	V	B	U	W	S
B	Z	S	L	Z	U	C	D	K	A	V	N	P	Q	Q	P	H

BOLD
CHARISMATIC
CRUSH
DIFFERENT
DINNER
EXCITING

FUN
INTERESTING
LOVE
LOVER
MOVIE
NERVOUS

NEW
OPPORTUNITY
PARTNER
RISKY
SWEETHEART
THOUGHTFUL

Puzzle No. 66: Summer Vacation

P	Y	S	O	O	F	T	S	F	S	S	C	C	E	T	Z	C
K	U	A	A	A	U	D	C	D	E	B	D	Z	G	R	Y	I
J	Q	T	F	O	N	D	G	I	K	S	A	U	C	A	U	I
K	P	J	P	E	B	A	O	M	N	G	T	A	Y	V	X	K
O	A	M	I	S	U	N	A	D	R	C	M	I	G	E	O	N
S	A	R	R	H	X	V	A	A	D	P	I	R	V	L	P	R
C	F	N	N	F	G	G	T	R	I	H	A	P	G	A	D	A
F	A	M	I	L	Y	S	W	N	E	I	W	D	N	Q	L	E
R	T	D	T	L	N	W	Q	O	G	K	D	Z	I	P	G	L
R	W	N	U	I	Z	N	B	Y	A	E	C	O	H	Z	H	C
I	E	S	G	B	B	G	U	Y	O	G	R	Z	S	P	T	S
I	O	L	E	M	M	C	S	V	F	V	B	T	I	E	P	F
K	K	A	A	E	R	U	T	N	E	V	D	A	F	O	J	N
B	C	U	P	X	I	M	Z	U	B	I	N	I	R	H	G	B
H	A	L	V	D	E	U	J	F	B	A	J	T	L	Y	T	G
U	A	A	E	Y	X	O	E	L	A	S	E	G	A	R	A	G
Y	N	M	W	B	X	A	Q	A	Q	A	B	R	Y	R	W	C

ADVENTURE
BEACH
CAMP IN
CAMP OUT
FAMILY
FESTIVAL

FISHING
FRIENDS
GARAGE SALE
HIKE
LEARN
PICNIC

PLAY
RELAX
SPORT
STARGAZE
SUN
TRAVEL

Puzzle No. 67: Dances

ARGENTINE-TANGO
BALLROOM-DANCES
BOLERO
CHA
EAST-COAST-SWING
FOXTROT

HUSTLE
JIVE
LATIN-DANCES
LINDY-HOP
QUICKSTEP
RUMBA

SALSA
SAMBA
SWING-DANCES
TANGO
VIENNESE-WALTZ
WALTZ

Puzzle No. 68: Toughest Languages

N	Q	H	L	L	B	S	W	S	K	Z	M	S	N	S	O	N
B	A	O	K	V	R	E	C	G	D	L	B	O	F	A	I	P
A	D	I	H	H	R	Y	K	M	N	W	R	B	F	R	O	E
S	A	U	S	B	H	S	H	A	P	W	P	R	A	W	J	R
Q	N	V	E	E	Y	U	I	S	E	T	I	D	N	E	A	S
U	I	H	O	D	N	R	M	G	J	K	N	A	H	L	V	I
E	S	O	J	I	A	O	I	V	A	A	E	S	Y	S	A	A
W	H	P	W	G	D	A	D	A	M	R	N	H	E	H	N	N
R	N	I	N	U	N	H	N	N	O	S	L	K	H	P	N	E
J	C	U	T	C	R	S	E	K	I	B	O	J	S	U	E	E
A	H	C	I	N	A	I	N	E	V	O	L	S	I	D	B	C
P	H	Q	L	L	E	A	V	Q	Q	K	Z	D	N	R	R	A
A	F	G	C	Q	R	Z	M	B	C	P	R	L	N	U	E	C
N	S	I	W	A	D	C	R	R	R	B	H	J	I	E	X	B
E	R	G	B	J	S	W	E	U	B	D	X	E	F	Q	O	G
S	O	I	L	L	B	Y	W	M	B	V	W	C	U	C	V	A
E	C	X	L	D	C	P	Q	W	K	P	G	L	M	Y	S	B

AFRIKAANS
ARABIC
BASQUE
DANISH
DUTCH
FINNISH

HEBREW
HUNGARIAN
INDONESIAN
JAPANESE
KOREAN
MANDARIN

NAVAJO
NORWEGIAN
PERSIAN
SLOVENIAN
URDU
WELSH

Puzzle No. 69: Beach Activities

J	U	M	U	P	H	B	B	L	L	P	Y	L	I	M	B	O
T	D	I	Q	A	C	U	E	L	L	T	X	L	I	G	D	Y
N	T	N	Q	R	T	B	A	A	A	Z	E	Q	E	A	N	E
U	S	I	Q	A	O	B	C	B	B	K	B	B	I	G	M	G
H	B	G	S	S	C	L	H	T	E	W	M	B	B	A	N	S
E	V	O	A	A	S	E	F	R	C	R	U	H	G	I	E	S
R	O	L	H	I	P	B	R	I	C	E	R	E	L	L	A	J
U	L	F	X	L	O	L	I	U	O	Y	K	W	T	N	S	U
S	L	K	H	I	H	O	S	Q	B	A	O	S	D	E	W	Z
A	E	M	B	N	D	W	B	S	N	B	A	A	A	K	A	K
E	Y	L	B	G	N	I	E	S	H	C	N	M	Z	B	J	O
R	B	J	O	E	A	N	E	C	D	G	F	Z	W	W	L	S
T	A	U	E	T	S	G	A	N	E	G	N	I	F	R	U	S
M	L	U	P	I	G	E	A	L	S	W	I	M	M	I	N	G
G	L	C	H	G	B	S	S	E	T	I	K	A	Y	L	F	W
T	F	J	F	W	U	Y	G	N	I	H	T	A	B	N	U	S
P	L	A	R	K	O	K	S	G	J	H	I	S	B	X	M	J

BEACH BOWLING
BEACH FRISBEE
BOCCE BALL
BUBBLE BLOWING
FLY A KITE
LIMBO

MINI GOLF
PARASAILING
SAND ANGELS
SANDCASTLES
SAND HOPSCOTCH
SNAKE GAME

SQUIRT BALL
SUNBATHING
SURFING
SWIMMING
TREASURE HUNT
VOLLEYBALL

Puzzle No. 70: Bucket List Ideas

G	N	I	P	M	U	J	B	O	L	B	C	N	S	L	B	C
D	N	E	G	G	G	F	G	B	Y	L	M	S	I	A	U	G
G	K	I	M	N	R	N	L	R	I	P	E	G	S	M	N	N
S	E	F	K	C	I	O	I	F	E	N	Q	K	M	I	G	I
U	U	T	S	I	W	D	F	V	I	A	C	E	O	N	E	F
R	D	H	M	G	B	J	R	S	I	I	T	D	Z	A	E	R
F	F	N	L	A	U	N	U	A	R	D	N	I	W	N	J	U
J	E	A	R	M	R	B	I	T	O	O	Y	N	N	A	U	S
N	S	L	P	W	A	R	C	A	W	B	G	K	K	E	M	E
S	V	I	U	T	I	I	I	K	T	A	Y	W	S	U	P	T
K	N	V	R	V	G	R	E	E	L	N	O	L	G	C	I	I
G	Q	A	B	A	D	A	I	C	D	T	U	F	F	S	N	K
Y	T	D	M	K	T	D	V	Z	U	S	G	O	H	E	G	B
S	N	O	R	K	E	L	L	I	N	G	J	V	M	R	Z	W
B	E	C	O	M	E	A	P	A	R	E	N	T	M	J	E	G
V	G	H	E	N	G	N	I	I	K	S	T	E	J	V	O	F
C	M	V	G	U	F	I	U	D	A	R	C	H	E	R	Y	H

ARCHERY
BECOME A PARENT
BLOB JUMPING
BLOW GLASS
BUNGEE JUMPING
CLIFF JUMPING
FLYBOARDING
GET MARRIED
JET SKIING
KITESURFING
MAGIC TRICKS
MOUNTAIN BIKING
RESCUE AN ANIMAL
SKYDIVING
SNORKELLING
START A BUSINESS
SURF
TAEKWONDO

Puzzle No. 71: How to Relax

G	R	E	E	N	T	E	A	A	G	O	Y	G	F	H	Z	E
N	H	Q	Q	A	Q	J	N	G	E	G	G	P	P	Y	E	Q
V	A	C	A	T	I	O	N	K	T	T	O	H	S	E	N	U
H	A	N	D	M	A	S	S	A	G	E	A	J	L	M	Z	G
Q	S	L	P	A	E	X	V	Y	E	M	J	T	O	U	O	H
G	U	A	G	H	R	R	Q	G	G	N	A	A	I	Z	N	O
E	D	I	G	B	E	O	U	B	Y	E	O	M	Q	D	E	E
W	C	U	C	L	O	Y	M	S	P	W	C	L	E	R	E	Q
B	A	N	D	K	R	K	X	A	S	X	H	H	A	C	B	M
L	C	D	A	J	W	Y	Q	C	T	E	K	V	H	E	P	R
S	U	N	L	D	T	A	X	B	S	H	R	L	R	Q	B	P
C	H	I	K	E	F	I	L	W	N	V	E	P	D	A	E	R
M	M	P	D	O	V	E	Z	K	O	L	U	R	U	V	A	E
J	D	L	H	K	F	P	V	X	J	K	P	Z	A	C	E	B
V	D	R	A	W	K	C	A	B	T	N	U	O	C	P	A	F
B	Z	H	C	T	E	R	T	S	N	X	D	S	V	T	Y	H
J	X	V	M	U	R	O	K	W	D	H	F	Y	V	T	P	Q

ACUPRESSURE
AROMATHERAPY
BE ALONE
COUNT BACKWARD
CUDDLE
DANCE

GREEN TEA
HAND MASSAGE
HIKE
JOG
LAUGH
MEDITATE

QUICK WALK
READ
STRETCH
VACATION
YOGA
ZEN ZONE

Puzzle No. 72: Mountain Backpacking

B	M	S	G	N	I	R	O	L	P	X	E	G	G	G	K	N
A	F	N	A	D	V	E	N	T	U	R	E	N	N	C	A	C
C	D	O	M	A	R	C	H	I	N	G	C	I	I	L	Y	M
K	W	I	K	M	R	H	H	L	Y	S	D	L	B	G	A	S
C	A	T	V	K	G	M	I	L	X	B	R	B	M	M	K	I
O	L	I	D	J	S	R	L	A	M	K	S	M	I	Q	I	N
U	K	D	X	S	H	U	L	W	P	P	C	A	L	G	N	I
N	I	E	P	U	Y	C	C	R	J	H	O	R	C	N	G	P
T	N	P	V	E	A	J	L	W	J	I	W	W	K	I	V	L
R	G	X	P	M	T	M	I	L	H	W	I	Q	C	K	Y	A
Y	E	E	P	L	I	P	M	H	E	J	L	I	O	I	Y	V
T	H	I	V	G	O	S	B	F	J	S	D	D	R	H	E	R
H	N	H	Q	U	B	W	I	S	J	D	L	J	Z	H	R	P
G	G	N	I	K	I	H	N	U	X	I	I	S	X	C	U	B
L	Y	Y	G	H	I	I	G	O	B	G	F	V	M	T	T	L
G	N	I	K	C	A	P	K	C	A	B	E	Z	L	I	A	J
T	L	G	B	A	C	K	P	A	C	K	E	R	S	H	N	S

ADVENTURE
ALPINISM
BACKCOUNTRY
BACKPACKERS
BACKPACKING
CAMPING

EXPEDITIONS
EXPLORING
HIKING
HILL CLIMBING
HITCHHIKING
KAYAKING

MARCHING
NATURE
RAMBLING
ROCK CLIMBING
WALKING
WILDLIFE

Puzzle No. 73: Tea Encyclopedia

```
H C E Q B U S C N M N O R W W H M
I O T T V W A N G J M E I C I G U
Y C Y Q I C G X S V W G I B E M F
T O E A U H E F D O T D I Z Z G V
E A R L M J W G L M C S E Q M G W
K C C S I X K F Y F C C L E M O N
W H K P D M N F A U H V L M K K Q
G I T P E O O E S I N J E K B I N
F L X H I P L M N M R C M D X A R
Z L C S O E P A A O W K O L H V P
E I S J V S C E S H S C N A Y B X
Q A Y I X E J E R U C A B V D P J
P R L Y A Y H D A M I L A E V T T
N O H M M I W G E A I B L N S F V
N A G V P G I N G E R N M D G U I
R O O I B O S G R E E N T E X J U
E N I M S A J T S F V Y K R N Z N
```

BLACK
CHAMOMILE
COCOA CHILLI
ECHINACEA
GINGER
GREEN

HIBISCUS
JASMINE
LAVENDER
LEMON
LEMON BALM
OLIVE LEAF

PASSIONFLOWER
PEPPERMINT
ROOIBOS
ROSEHIP
SAGE
WHITE

Puzzle No. 74: Types of Rocks

J	T	H	V	F	U	U	H	O	A	Z	E	E	E	V	E	I
Q	G	U	D	O	S	A	B	N	X	T	F	T	O	G	T	X
S	A	I	N	O	W	S	D	S	I	E	O	I	A	L	L	D
L	S	C	I	A	I	E	S	K	Q	T	I	N	I	Y	A	D
X	G	Z	I	D	S	U	A	X	N	I	D	A	W	J	S	O
P	I	I	I	I	X	D	K	U	A	D	O	R	L	I	A	W
V	T	A	T	I	A	Y	K	G	F	N	L	G	E	H	B	E
E	N	E	E	C	I	M	U	P	Y	E	I	B	Y	K	T	E
I	C	E	L	A	N	D	I	T	E	M	T	U	L	I	M	T
D	E	D	O	L	O	M	I	T	E	O	E	A	N	E	L	I
U	J	T	B	G	L	R	P	S	J	C	M	O	M	S	E	N
H	T	K	I	A	I	Y	I	J	T	P	Z	D	N	S	T	U
O	Y	J	T	N	U	H	L	A	R	N	R	K	B	E	I	D
U	Y	I	G	Y	I	F	S	O	O	Y	A	O	B	X	C	V
R	T	W	U	D	N	N	I	M	E	J	Y	R	I	I	A	I
E	I	C	O	O	Z	T	O	D	S	K	T	O	P	T	D	H
P	R	M	H	Y	E	Q	W	B	P	Z	D	T	B	E	L	I

ADAKITE
ANDESITE
BASALT
BONINITE
COMENDITE
DACITE

DOLOMITE
DUNITE
ESSEXITE
FOIDOLITE
GRANITE
HAWAIITE

ICELANDITE
LAMPROITE
LATITE
MONZONITE
OBSIDIAN
PUMICE

Puzzle No. 75: Geometric Shapes

E	P	E	C	C	F	I	M	U	A	Q	P	O	N	V	C	N
L	O	W	B	M	N	O	G	A	C	E	D	O	U	J	O	S
G	L	O	V	A	L	D	O	R	K	M	G	F	Z	G	E	Q
N	Y	P	E	N	T	A	G	O	N	A	N	M	A	C	L	U
A	G	H	E	X	A	G	O	N	N	O	A	C	N	U	G	A
I	O	J	M	T	C	N	G	E	G	R	E	B	O	W	N	R
R	N	C	C	I	C	G	H	A	G	D	N	W	G	I	A	E
T	S	S	R	O	N	R	C	O	A	D	O	C	A	J	T	K
P	F	C	Y	I	Z	E	L	T	N	I	G	T	C	U	C	E
J	L	A	Y	E	D	E	N	E	M	O	A	I	E	A	E	C
E	O	M	M	A	L	E	C	Q	D	Z	C	C	D	X	R	R
H	I	J	T	L	P	X	V	B	H	E	E	D	A	J	E	F
X	A	P	A	D	I	G	O	N	R	P	D	L	X	B	Y	U
S	E	R	T	R	K	O	H	Z	W	A	A	J	E	R	V	V
H	A	N	O	G	A	S	O	C	I	R	T	L	H	Z	Q	M
P	K	I	W	C	Y	Y	S	P	M	T	C	L	E	P	N	K
H	P	Y	G	P	I	R	G	C	R	P	O	Y	Y	K	P	R

CIRCLE
DECAGON
DIGON
HENAGON
HEPTADECAGON
HEXADECAGON

HEXAGON
ICOSAGON
OCTADECAGON
OVAL
PARALLELOGRAM
PENTADECAGON

PENTAGON
POLYGONS
RECTANGLE
SQUARE
TRAPEZOID
TRIANGLE

Puzzle No. 76: Trees

D	B	A	B	O	A	B	W	O	E	D	N	G	K	M	S	W
N	P	Q	Z	I	Z	H	J	C	R	E	I	S	L	K	I	H
O	E	U	D	K	I	D	U	A	V	A	A	A	G	A	L	I
M	C	Z	Q	T	L	R	G	A	N	E	P	I	E	O	V	T
L	A	V	E	B	P	O	E	T	L	L	N	L	M	H	E	E
A	N	O	U	S	N	H	S	P	I	M	Q	A	T	S	R	W
G	A	S	E	T	F	E	A	O	I	G	X	U	U	I	B	I
K	D	U	R	O	Q	M	N	Y	V	Q	D	N	N	L	I	L
T	L	E	E	U	R	A	X	F	S	Z	Z	B	D	G	R	L
B	E	E	O	E	C	Z	J	B	G	U	D	O	M	N	C	O
D	R	I	V	I	E	E	R	T	Y	R	R	U	C	E	H	W
T	A	L	R	S	Y	C	A	M	O	R	E	M	A	P	L	E
A	I	F	B	R	E	A	D	F	R	U	I	T	J	X	I	F
S	A	R	T	A	V	U	J	J	O	S	N	J	I	K	V	P
L	S	I	D	Y	G	Q	M	F	V	B	E	S	V	X	J	C
A	M	Q	Q	O	T	H	P	A	P	E	R	B	I	R	C	H
P	I	T	N	G	J	Y	I	W	Q	Y	E	C	B	M	E	L

AFRICAN OIL PALM
ALMOND
BAOBAB
BLUE-SPRUCE
BREADFRUIT
CURRY-TREE
DRAGON TREE
ENGLISH OAK
GIANT SEQUOIA
NUTMEG
PAPER BIRCH
PECAN
SILVER BIRCH
SILVER MAPLE
SYCAMORE MAPLE
TREE OF HEAVEN
WHITE OAK
WHITE WILLOW

Puzzle No. 77: Social Qualities

C	O	D	R	P	R	P	H	A	B	X	G	Q	R	V	Y	L
I	Q	M	I	J	P	E	B	C	T	S	O	N	Z	R	H	U
T	Y	U	E	L	V	Q	J	X	O	P	H	B	S	M	T	F
S	T	E	T	A	N	O	I	S	S	A	P	M	O	C	R	E
I	E	I	G	X	S	E	C	C	V	I	Y	L	L	L	O	C
M	V	V	S	N	N	E	R	C	N	S	N	A	U	A	W	R
I	U	C	I	I	I	E	N	T	H	J	N	R	F	Y	T	U
T	P	U	U	T	A	R	E	S	S	X	U	O	E	O	S	O
P	U	N	C	T	C	L	U	U	I	Z	F	M	C	L	U	S
O	E	S	I	H	L	A	P	T	W	T	B	N	A	D	R	E
G	X	V	O	I	R	P	R	F	R	H	I	Q	E	X	T	R
K	E	I	G	B	O	F	U	T	K	U	F	V	P	Y	L	J
C	F	E	Y	R	Y	A	P	V	T	R	N	C	E	W	P	R
J	N	J	T	W	L	E	W	F	D	A	U	E	Y	Y	L	D
T	O	I	C	I	J	Q	N	C	O	N	F	I	D	E	N	T
G	V	I	Z	S	G	N	I	V	O	L	D	K	B	K	I	Y
E	G	M	K	E	A	J	J	G	A	Y	Y	S	N	G	C	F

ATTRACTIVE
COMPASSIONATE
CONFIDENT
CREATIVE
FUNNY
GENUINE

INTELLIGENT
LOVING
LOYAL
MORAL
NURTURING
OPTIMISTIC

PEACEFUL
RESOURCEFUL
SENSITIVE
SUPPORTIVE
TRUSTWORTHY
WISE

Made in the USA
Middletown, DE
08 April 2020